U0605019

文化产业投资机制创新

On the Investment Mechanism Innovation of Culture Industry

陈清华　著

南京大学出版社

图书在版编目（CIP）数据

文化产业投资机制创新 / 陈清华著. —南京：
南京大学出版社，2009.8
ISBN 978-7-305-06379-4

Ⅰ．文… Ⅱ．陈… Ⅲ.文化-产业-投资-创新
Ⅳ.G124

中国版本图书馆 CIP 数据核字(2009)第 144359 号

出版发行	南京大学出版社
社 址	南京市汉口路 22 号　　邮编　210093
网 址	http://press.nju.edu.cn
出版人	左 健

书 名	文化产业投资机制创新
著 者	陈清华
责任编辑	胥橙庭　　编辑热线　025-83686308

照排印刷	盐城市华光印刷厂
开 本	787×1092　1/16　印张　11.25　字数　260 千字
版 次	2009 年 8 月第 1 版　2014 年 6 月第 2 次印刷
印 数	3000 册

ISBN 978 - 7 - 305 - 06379 -4
定 价 69.00 元

发行热线 025-83592169　　025-83592317
电子邮箱 sales@press.nju.edu.cn(销售部)
nupressl@public1.ptt.js.cn

目 录 MU LU

图清单

表清单

为文化产业投资机制创新提供理论支撑

李希光

美国人约瑟夫·奈（Joseph S. Nye, Jr.）将一个国家的竞争力分为"硬实力"和"软实力"。软实力是"间接运用的力量"，是"同化式"力量，是制胜的最高境界。文化是一个民族生命力、创造力、凝聚力的重要体现。文化产业的受关注度及巨大的影响力，是一个国家竞争力的主要构成要素，属软实力。进入 21 世纪以来，随着中国加入世贸组织和对外开放领域的进一步扩大，改革文化体制、创新文化产业投资机制、发展文化产业、提升国家软实力的重要性和紧迫性日益凸现出来。

《关于深化文化体制改革的若干意见》以党中央、国务院名义颁发，充分表明党中央、国务院对文化建设的重视和对文化建设规律的认识已经达到了新的高度。然而在新的文化生态条件下，不少文化单位由于旧体制的保护、老传统的痼疾、新体制的缺失和不健康传播习惯的惯性，出现了"明星取代模范，美女挤走学者，绯闻顶替事实，低俗胜于高雅"等"娱乐对文化的全覆盖"现象，使文化产业远离文化，文化人成了唯利是图的"商人"。事实上，要使文化建设卓有成效，文化事业全面提升，文化产业长足发展，关键是文化体制改革和文化产业投资机制创新。只有坚定不移、大刀阔斧地进行文化体制改革，推进文化产业投资机制创新，才能使文化成为群众欢迎的文化，使文化人成为群众满意的文化人，使文化产品和服务成为群众乐于接受的文化产品和服务。如何进行文化体制改革和文化产

*李希光为清华大学校务委员、清华大学新闻与传播学院常务副院长、清华大学国际传播研究中心主任、清华奥美公共形象战略研究室主任、国家教育部新闻学科教学指导委员会副主任、美国《科学》杂志中国顾问、联合国教科文组织"SOURCES"月刊中文版主编，教授，博士生导师。

业投资机制创新？一要以科学发展观为统领，把握先进文化的前进方向。大力发展先进文化，支持健康有益的文化，改造愚昧落后的文化，抵制腐朽堕落的文化，把实现好、维护好、发展好群众基本文化权益作为改革和创新的立足点和出发点。二要解放思想，树立新的文化发展观。要随着文化生态和文化产业发展的变化，以新观念看待新事物，以新思维研究新情况，以新方法解决新问题。三要把握规律和特点，积极稳妥地推进改革和创新。既要遵循改革的一般规律与特点，又要遵循思想文化建设的特殊规律和特点；既要顾及文化产业的共性，又要顾及不同介质的文化产品个性；既要积极抓紧，又要稳妥推进。四要准确把握改革和创新的目标和任务。中央深化文化体制改革的目标和任务是以发展为主题、改革为动力、体制机制创新为重点，努力实现"六个形成"，即形成科学有效的宏观文化管理体制，形成富有效率的文化生产和服务微观运行机制，形成以公有制为主体、多种所有制共同发展的文化产业格局，形成统一、开放、竞争、有序的现代文化市场体系，形成完善的文化创新体系，形成以民族文化为主体、吸收外来有益文化，推动中华文化走向世界的文化开放格局。然而，这仅是改革和创新的大原则。文化体制改革和文化产业投资机制创新在操作层面上到底如何做，还有待于有志于此的学者去研究和从事具体实务工作的同志去探索。

目前，国内外研究文化体制改革和文化产业发展的学者不少，但专门研究文化产业投资的人不多，还几乎没有人专门研究文化产业投资机制创新。当我看到清华同志《创新文化产业投资机制》书稿清样时，不禁为他的理论勇气所感动。本书系统地梳理了国内外学者对文化产业投资机制等相关理论的研究成果；翔实披露了中国文化产业投资生态，全景观察了文化产业投资机制，制定了文化产业投资新机制的设计原则，设计了文化产业投资新机制；构想了文化产业投资新机制的实现路径等。全书条理分明，观点鲜明，论据有力，并将理论和案例相结合，辅以图表，大大提高了可读性和权威性。还创新性地阐释了文化产业投资机制的内涵；将博弈论方法运用到产业投资领域；应用 DEA 及 Malmquist 生产率指数对中国各省（区、市）文化产业投资效率进行了实证测评；研究了文化产业投资系统的演进；将熵的概念引入文化产业投资项目风险决策等。这些成果填补了国内这一领域的研究空白，堪为创新文化产业投资机制的参考书，具有重要的理论和实践价值。

鉴于清华同志处于文化体制改革工作"第一线"且已有一定的理论造诣，借此机会，我作为他的博士后合作导师与其商榷 2 个问题：一是"两分开"的问题。《关于深化文化体制改革的若干意见》规定，新闻传媒中的广告、印刷、发行，以及影视剧等节目制作与销售部门，可从原有的事业体制中剥离出来，转制为企业，进行市场化运作，为主营业务服务。因此，新闻传媒呈现了"一体两制"的局面，即新闻传媒下游印刷等部门为企业，上游部门如采访和编辑等部门为事业。这种改革思路，符合国际上"编营分开"的原则和传统，有利于防范商业因素对采编机制的侵蚀，但具体操作起来很难。下游部门获得何种投资主体、多少投资量和采用何种盈利手段等，主要依托上游部门的工作质量和业绩。下游部门的广告吸纳、印刷数量、发行扩张，主要是由上游编辑等部门的工作优劣决定的。同时，上游部门的投入产出和人力资源的组织和运作，要视下游部门的业绩而定，上游部门的产出主要依托下游部门的实力与运作机制。可是现在成了两种所有制、两种体制与机制，中间缺少必要的纽带与联络机制，具体运作会很困难。另一个是如何保障文化产业投资者的权利问题。按目前规定，其它所有制形式的投资者经批准后可进入文化产业某些部门和产业链某些环节。但这些投资者不能参与文化产业上游部门的工作，对新闻传媒的编辑方针、采编业务和新闻运作机制等没有话语权，更无权参与上游部门的业务管理，无权对上游部门发展战略和管理举措进行监管。这些规定，必然大大降低其它所有制投资者投资文化产业领域的积极性。再加上投资文化产业具有很大的风险（如政策风险、管理风险、资金退出风险等），目前相当一批有实力的其它所有制形式的投资者对投资文化产业抱有欲进又止、期待观望的态度。

　　我提出以上问题，只是出于一个学者的责任。我愿意同直接从事文化体制改革工作的清华同志这样一位年轻并有一定学术潜力的学者一起，为文化体制改革和文化产业投资机制创新尽一份微薄之力。

2014 年 5 月 16 日于北京清华大学荷清苑

自　序

促进文化产业快速发展的关键因素是内容原创和加大投入并形成完善的投资机制。

就内容原创来说，目前，人们在文化产业"产业升级"和"自主创新"方面投入了越来越多的注意力。文化产业就是将文化产业化，将"好点子"转化成好商品和好服务。在文化创意的形成过程中，文化因素通常起了很大作用。创意和文化紧密相连，创意需要文化滋润，文化蕴含于创意之中。在"文化"的"产业化"过程中，文化、创意、产业水乳交融。只有以文化为依托才能形成创意，而一个创意若不能在产业链里形成产品或服务，并进入消费领域由消费者购买，就不能产业化。在全球化背景下，文化产业给我们的启示是，要在市场中占一席之地，必须有自己的独特之处，让他人无法轻易替代。多年来，我们已经熟悉了标签式的"中国制造"、"世界工厂"等说法。2003年，中国超过美国成为世界上外资进入最多的国家。2013年，中国出口量增长率达6%，位居世界第二。据专家预测，2030年，中国高新产品出口量将占全球总量的50%。然而巨大的数量并不意味着巨大的优势。按照财经界流行的"微笑曲线"，全球化生产的模式可被比喻为一条开口向上的抛物线：在抛物线左侧(价值链上游)，新技术、新理念等让产品价值上升；在抛物线右侧(价值链下游)，品牌运作、销售渠道等让产品价值上升；唯独作为劳动密集型的中间制造环节、装配环节等，处于抛物线最底端且利润微薄。在中国外贸200强企业中，企业出口值有74%是通过加工贸易方式实现的。在全球制造业价值链上，中国所处的正是全球"微笑曲线"的中低部位置。基于这样的落差，中国是"世界工厂"的说法被一些经济学家严肃更正，认为中国只是来料加工、来样加工的"世界车间"。进入新世纪，中国经济社会加速转型，由此进一步凸现了"以我为主"和"自主创新"的重要性和紧迫性。在新时期，文化产业甚至整个社会经济的发展都必须打创意牌，力争在价值链上占有利位置，增强文化企业在市场竞争中的话语权。把"中国制造"改写成"中国创造"，营造中国核心竞争力。唯有如此,文化产业才能真正大发展、大繁荣。

就加大文化产业投入并形成完善的投资机制来说,一是要明确国有资本投资范围,转变国有资本投资机制。文化投融资体制转变,必须首先从矫正政府支出与投资错位做起。从政府职能来看,政府投资文化产业要"归位",即政府不是要把精力放在自身"赚钱"上,而是要把精力放在为文化单位"赚钱"创造良好的环境上。政府投资应该"退出"经营性、竞争性领域,并把财政"退出"与市场发育水平联系起来。在经济发达、市场发育较成熟的地区,日益增大市场配置资源的作用范围,政府职能随之转移到提供公共物品上,并主要为文化建设提供良好的软、硬件环境。在经济欠发达地区,政府在支持文化建设方面不能简单地与发达地区一样较快"退出",应该既要加快文化基础设施建设,又要提高区域性骨干文化企业的投资力度,提高文化产业化水平,最后才能酌情加快"退出"步伐。二是要构造以国有资本为主体的文化产业投融资运营主体。建立新型文化产业投融资机制的关键是塑造市场化投融资主体,使之承担文化市场投资和融资职能,成为自主经营、自我积累、自我发展、自我激励、自我约束的市场运营主体,从而使政府逐步从文化投融资主体地位中退出,让市场在文化资源和要素配置中发挥基础性作用。国有文化单位在文化产业发展中处于主导地位。政府当务之急是构造一批以国有资本为主体的文化产业投融资运营主体,使其在文化市场投融资、跨地区、跨行业的结构性调整和文化资源整合中发挥重要作用。无论构造以国有资本为主体的文化产业投融资运营主体的途径和形式是什么,关键是要使之具有投融资的能力和功能。而要做到这一点,就要增强其资本实力并赋予必要的投融资功能等。三是要拓宽渠道,降低准入门坎,鼓励各类资本投资文化产业。中国发展文化产业的战略逐渐清晰,对非公有资本加大开放力度是大势所趋。国务院出台的《关于非公有资本进入文化产业的若干决定》鼓励、支持各种非公有资本进入文化产业领域。除了正确引导非公有资本进入文化产业外,应积极、合理地利用外资来发展文化产业。近几年来,中国已经有一些文化企业通过股份制改造在国内资本市场上市。但总体来看,文化企业上市的数量和直接融资的规模依然较小,上市企业的结构还不尽合理。由于种种原因,一批具有竞争优势的国有大型文化企业(集团)和民营文化企业至今尚未上市。因此,有关部门要将文化企业上市融资工作列入规划，有计划、有步骤地安排一批市场化程度较高、具有较强竞争优势的国有和以国有资本为主体的大型文化企业，通过股份制改造，在国内、外资本市场发行股票、可转换债券或企业债券。同时，要积极支持符合条件的各类中小型文化企业在创业板上市。四是要组建文化产业基金和创业投资基金。目前，在全国方兴未艾的文化资源开发热潮中，文化单位普遍面临资金短缺问题。要解决这一问题，应在调动各方面积极性、鼓励非公有资本投资开发的同时，组建文化产业投资基金，对有市场前景的文化资源项目产业化开发与运营给予专项资金支持。由中央和地方政府各自出资，吸引非公有资本投资参股，设立文化产业创业投资基金，用于对中小科技型文化企业进行项目开发和创业投资的专项资金支持，以加快网络游戏、动漫、创意设计等新兴文化产业发展。应疏通间接融资渠道，加大银行对文化产业发展的支持力度。由于文化企业普遍具有固定资产较少的"轻型化"资产结构特点，在争取银行信贷过程中常常遇到资产抵押不足的障碍。因此，在加强信用制度建设、控制金融风险的前提下，要在信贷政策方面采取更加灵活的措施，探索专利权、著作权以及经过评估的文化资源项目、销售合同、门票等作为银行信贷抵押的方式，使文化产业发展得到更多的间接融资支持。五是要鼓励捐资兴建各类非盈利性公益文化项目。非盈利性公益文化项目应是国有资本主要投资领域。然而国有资本对这一领域进行重点投资，并不意味着排斥其它非公有资本的投入。从国际经验和中国近几年的实践来看，非盈利性公益文化项目往往是非公有资本感兴趣并大有作为的领域。鼓动捐资兴建各类公益性文化项目既是非公有资本回馈社会、体现自身社会价值的重要途径，也是其扩大社会影响、增加企业或个人知名度的一种重要方式。

2013 年是文化产业"全方位改革"的一年。党的十八届三中全会发布的《中共中央关于全面深化改革若干重大问题的决定》对文化体制改革提出了新要求，对文化产业发展提出了要完善和健全现代文化市场体系建设的目标。文化金融合作已经成为我国文化产业发展的显着特点和重要成果，成为我国文化产业持续快速健康发展的重要动力。创新符合文化产业发展需求特点的金融产品与服务，一是要加快推动适合文化企业特点的信贷产品和服务方式创新。鼓励银行业金融机构发挥各自比较优势打造适合文化企业特点的金融服务特色产品。在有效控制风险的前提下，逐步扩大融资租赁贷款、应收账款质押融资、产业链融资、股权质押贷款等适合文化企业特点的信贷创新产品的规模，探索开展无形资产抵质押贷款业务，拓宽文化企业贷款抵质押物的范围。全面推动文化金融服务模式创新，支持银行业金融机构根据文化企业的不同发展阶段和金融需求，有效衔接信贷业务与结算业务、国际业务、投行业务，有效整合银行公司业务、零售业务、资产负债业务与中间业务。综合运用统贷平台、集合授信等方式，加大对小微文化企业的融资支持。鼓励银行、保险、投资基金等机构联合采取投资企业股权、债券、资产支持计划等多种形式为文化企业提供综合性金融服务。二是要完善文化企业信贷管理机制。鼓励银行业金融机构建立和完善针对文化企业或文化项目融资的信用评级制度，充分借鉴外部评级报告，提升对文化企业或文化项目贷款的信用评级效率。完善文化贷款利率定价机制和风险管理机制，针对文化企业或文化项目的资金流特点和风险特征，实施差别化定价，合理确定贷款期限和还贷方式。三是加快推进文化企业直接融资。鼓励大中型文化企业采取短期融资券、中期票据、资产支持票据等债务融资工具优化融资结构。支持具备高成长性的中小文化企业通过发行集合债券、区域集优债券、行业集优债券、中小企业私募债等拓宽融资渠道。引导私募股权投资基金、创业投资基金等各类投资机构投资文化产业。支持文化企业通过资本市场上市融资、再融资和并购重组。加强对文化企业上市的辅导培育，探索建立文化企业上市资源储备库，研究分类指导不同类型文化企业与资本市场对接。鼓励文化企业并购重组，实现文化资本跨地区、跨行业、跨所有制整合。支持文化企业通过全国中小企业股份转让系统和区域性股权交易市场实现股权融资。三是要开发推广适合对外文化贸易特点的金融产品及服务。积极支持文化企业海外并购、境外投资，推进文化贸易投资的外汇管理和结算便利化，完善金融机构为境外文化企业提供融资的规定，探索个人资产抵质押等对外担保的模式，提高文化企业外汇资金使用效率，防范汇率风险。积极发挥文化金融在自由贸易区、丝绸之路经济带、海上丝绸之路等建设中的作用。四是要加大金融支持文化消费的力度。鼓励金融机构开发演出院线、动漫游戏、艺术品互联网交易等支付结算系统，鼓励第三方支付机构发挥贴近市场、支付便利的优势，提升文化消费便利水平，完善演艺娱乐、文化旅游、艺术品交易等行业的银行卡刷卡消费环境。探索开展艺术品、工艺品资产托管，鼓励发展文化消费信贷。鼓励文化类电子商务平台与互联网金融相结合，促进文化领域的信息消费。五是要推进文化产业与相关产业融合发展。认真研究中国特色新型工业化、信息化、城镇化、农业现代化为文化产业发展带来的新机遇，结合文化产业与信息业、建筑业、旅游业、制造业等相关产业融合发展的趋势和融资特点，研究项目融资的行业标准。推动互联网金融业务与文化产业融合发展，鼓励电子商务平台类机构发挥技术、信息、资金优势为文化创业创意人才、小微文化企业提供特色金融服务。六是要创新文化资产管理方式。推进符合条件的文化信贷项目资产证券化，释放信贷资源，缓解金融机构资本充足率压力，盘活存量资产，形成文化财富管理。鼓励资产管理机构和金融机构市场化处置改制文化企业资产。提高文化类不良资产的处置效率。2014 年 3 月 17 日，国家文化部、中国人民银行、财政部联合下发的《深入推进文化金融合作的意见》指出，创新文化金融体制机制。一是要创新文化金融服务组织形式。鼓励金融机构建立专门服务文化产业的专营机构、特色支行和文化金融专业服务团队，并在财务资源、人力资源等方面给予适当倾斜，扩大业务授权，科学确定经济资本占用比例，加大信贷从业人员的绩效激励，提高文化金融服务专业化水平。支持发展文化类小额贷款公司，充分发挥小额贷款公司在经营决策和内部管理方面的优势，探索支持小微文化企业发展和文化创意人才创业的金融服务新模式。在加强监管的前提下，支持具备条件的民间资本依法发起设立中小型银行，为文化产业发展提供专业化的金融服务。二是要建立完善文化金融中介服务体系。支持有条件的地区建设文化金融服务中心，通过政策引导、项目对接、信息服务、业务培训、信用增进、资金支持等方式，服务于文化企业和金融机构，促进文化与金融对接，扶持骨干文化企业和小微文化企业，搭建文化金融中介服务平台。推动文化产业知识产权评估与交易，加强着作权、专利权、商标权等文化类无形资产的评估、登记、托管、流转服务。鼓励法律、会计、审计、资产评估、信用评级等中介机构为文化金融合作提供专业服务。在清理整顿各类交易场所基础上，引导文化产权交易所参与文化金融合作。建立完善多层次、多领域、差别化的融资性担保体系，促进银行业金融机构与融资性担保机构加强规范合作，为文化企业融资提供增信服务。三是要探索创建文化金融合作试验区。为探索金融资源与文化资源对接的新机制，引导和促进各类资本参与文化金融创新，建立文化金融合作发展的长效机制，文化部、中国人民银行择机选择部分文化产业发展成熟、金融服务基础较好的地区创建文化金融合作试验区，探索建立地方政府、文化、金融等多部门沟通协作机制，通过创新地方政府资金投入方式，引导和促进金融机构创新金融产品和服务模式，搭建文化金融服务平台，完善文化金融发展政策环境，集中优质资源先行先试，探索符合本地区特点的文化金融创新模式。2014 年 4 月 2 日，国务院办公厅下发的《关于印发文化体制改革中经营性文化事业单位转制为企业和进一步支持文化企业发展两个规定的通知》（国办发〔2014〕15 号）指出，为进一步深化文化体制改革，促进文化企业发展，一是要对投资兴办文化企业的，有关行政主管部门应当提高行政审批效率，并不得收取国家规定之外的任何附加费用。二是要在国家许可范围内，鼓励和引导社会资本以多种形式投资文化产业，参与国有经营性文化事业单位转企改制，参与重大文化产业项目实施和文化产业园区建设，在投资核准、银行贷款、土地使用、税收优惠、上市融资、发行债券、对外贸易和申请专项资金等方面给予支持。三是要鼓励国有文化产业投资基金作为文化领域的战略投资者，对重点领域的文化企业进行股权投资。创新基金投资模式，更好地发挥基金的引导和杠杆作用，推动文化企业跨地区、跨行业、跨所有制兼并重组，切实维护国家文化安全。四是要进一步促进文化与金融对接，鼓励文化企业充分利用金融资源，投资开发战略性、先导性文化项目，进行文化资源整合，推动文化出口，中央财政和地方财政可给予一定的贴息。五是要针对文化企业的特点，研究制定知识产权、文化品牌等无形资产的评估、质押、登记、托管、投资、流转和变现等办法，完善无形资产和收益权抵（质）押权登记公示制度，鼓励金融机构积极开展金融产品和服务方式创新。在风险可控、商业可持续原则下，进一步推广知识产权质押融资、供应链融资、并购融资、订单融资等贷款业务，加大对文化企业的有效信贷投入。鼓励和支持政策性金融充分发挥扶持、引导作用，加大对重点企业和项目的信贷支持。鼓励开发文化消费信贷产品。六是要通过公司制改建实现投资主体多元化的文化企业，符合条件的可申请上市。鼓励已上市文化企业通过公开增发、定向增发等再融资方式进行并购和重组。鼓励文化企业进入中小企业板、创业板、"新三板"融资。鼓励符合条件的文化企业通过发行企业债券、公司债券、非金融企业债务融资工具等方式扩大融资，实现融资渠道多元化。七是要探索国有文化企业股权激励机制，经批准允许有条件的国有控股上市文化公司按照国家有关规定开展股权激励试点。八是要对按规定转制的重要国有传媒企业探索实行特殊管理股制度，经批准可开展试点。九是要探索建立符合文化企业特点的信用评级制度。鼓励各类担保机构对文化企业提供融资担保，通过再担保、联合担保以及担保与保险相结合等方式分散风险。探索设立文化企业融资担保基金。

因此，深化文化体制改革，创新文化产业投资机制需要实施"加法"和"减法"，"加法"是指增加市场主体和市场竞争，"减法"是指减少政府干预和企业对资源的依赖。在影视行业，我国去年电影票房超过了 217 亿元，电影院银幕总数达 1.76 万块，但是电影院上座率却只有 15%。影视公司的收入方式单一，影视投资风险较高，影视公司的高股价反映出了对风险的不可预知。未来 3 年内，文化企业应高度重视 4G 环境下文化科技融合的特点与方式，特别是重视新媒体平台型大企业带来的垄断、模仿和竞争的各种压力。部分文化科技企业可以寻求被并购，以实现企业整体价值。4G、微信、微博、社交网络和微电影等都是适应技术与生活方式演变的产物，也是未来重要的产业平台和推动力量。文化企业应当重视新媒体或数字文化产业的新趋势，重视生活方式变化与科技融合或相互关联领域的变动。那些创新型的文化企业需要加快速度，最好能与资本市场加快融合，与投资结合，避免因被大型企业模仿而导致失败。

2014 年 6 月 16 日晨于南京紫金山南麓沙胈斋

导　言

文化产业发展水平是衡量一个国家和地区软实力的重要标志。文化产业投资是文化产业资本形成的重要途径和长足发展的根本动力。在文化产业投资诸多问题中，完善的投资机制是拓宽文化产业投资渠道的前提条件，是促进文化产业快速发展的根本保证。理论研究和实践发展表明，要做大、做强文化产业，必须改革现有的文化体制，创新文化产业投资机制，激活文化单位活力。目前，国内外关于文化、文化产业、文化经济的研究较多，关于文化产业投资的研究较少。一些学者关于文化产业投资原本就不多的论述还零星地散见于相关文献中，没有人对其进行系统地梳理和提炼，更没有人专门研究文化产业投资机制问题。

本书系统地梳理了国内外学者对文化产业、文化产业投资的研究成果，厘清了国内外文化产业投资的实践发展轨迹，进而对相关观点进行了承接、拓展和深化；描述了中国文化产业投资机制的演变过程，分析了投资机制的现状和存在的问题；应用DEA及Malmquist生产率指数对中国各省（区、市）文化产业投资效率进行了实证测评；探讨了国外文化产业投资机制对创新文化产业投资机制的借鉴意义和可能产生的负面影响；制定了文化产业投资新机制的设计原则，设计了文化产业投资新机制；构想了文化产业投资新机制的实现路径是政府在文化产业投资中要起主导作用、文化单位要起主体作用、社会捐助要起扶持作用、文化中介要起辅助作用、资本市场要起助推作用等。

本书创新体现在：从投资主体形成机制、宏观调控机制、微观运行机制、运行监督机制等角度，创新性地阐释了文化产业投资机制的内涵；将博弈论运用到文化产业投资领域；应用DEA及Malmquist生产率指数对中国各省（区、市）文化产业投资效率进行了实证测评；从柔性劳动力市场、人文素质、地方文化历史沉淀和制度激励等角度，研究了文化产业投资系统的演进；将熵的概念引入文化产业投资项目风险决策，解决了采用不同风险决策原则得出的结论不一致时，如何权衡的问题等。

　　本书运用文献分析、规范和实证分析、比较分析等方法，研究后得出的结论是：

　　一、要借鉴国外成功经验，延伸文化产业投资链，努力使文化产业投资实现管理组合化和回报多样化；

　　二、要建立以政府投入为导向、以文化单位投入为主体、以非公有资本和外资投入为重要组成部分、以金融机构投入为补充、以"投资准入区别化、投资主体多元化、投资方式多样化、投资机制市场化"为特征的文化产业投资新机制；

　　三、在转轨经济条件下，政府在做市场化的产业投资时，要考虑转轨经济的初始状态，要特别注意惯性对转轨经济的影响；

　　四、全国文化产业的技术效率整体较低，效率均值为0.641，尚有超过35%的提升空间。各地区技术效率较低的主要原因是纯技术效率不高；全国及中、西部地区文化产业的全要素生产率均有增长的趋势，且增长的动力主要来源于技术进步，而东部地区全要素生产率出现负增长，主要原因是技术退步。不同地区在促进文化产业投资有效发展时必须对症下药，东部地区应依靠规模经济优势，进一步加大文化产业投资力度，中、西部地区应加强制度建设和管理创新，通过纯技术效率的提升来促进全要素生产率的提高等。

第一章 绪 论

第一节 选题背景和研究意义

一、选题背景

美国前助理国防部长、哈佛大学肯尼迪政治学院院长约瑟夫·奈（Joseph S. Nye, Jr.）在《谁与争锋：变化中的美国力量本质》中，将一个国家或地区的竞争力分为"硬实力（Hard Power）"和"软实力（Soft Power）"。硬实力是"命令式力量"，主要指经济"胡萝卜"等"诱惑性"力量和军事"大棒"等"威慑性"力量；软实力是硬实力之外"间接运用的力量"，是"同化式"力量，是"不战而屈人之兵"的力量，是制胜的最高境界和一个国家或地区战略的精髓[1]。具体地讲，软实力指一个国家的文化、价值观念、社会制度等影响自身发展和国际影响力的因素，核心内容包括社会信仰、民族凝聚力、道德规范等[2]。把"软实力"借鉴到文化研究领域，可以将"文化软实力"界定为文化中可感、可触、可量化的刚性指标和科技要素、硬件设施等之外，在文化和文化相关活动中表现出来的思想意识、意志品质、制度机制等影响力。文化产业在学理上是一个交叉学科，具有双重属性：一方面，以利润追求和产业增长为目的，具有经济学属性；另一方面，以政治、经济为基础，具有管理学属性。文化产业是一个国家、地区经济和社会发展的助推器，文化产业发展水平是衡量一个国家或地区软实力的重要标志。文化产业广受关注及其巨大的影响力，本身就是一种软实力，就是一个国家或地区综合实力的主要构成要素。

改革开放以来，中国经济建设取得了举世瞩目的成就，国民收入快速增长，居民人均收入稳步提高。据国家统计局统计数据显示，中国大陆人均 GDP 由 1978 年的 381 元增加到 2013 年的 41908 元。①这直接拉动了人民群众对文化产品和服务的需求，大大推动了文化产业发展。中国文化产业兴起于 20 世纪 80 年代。党的十五届五中全会通过的《中共中央关于制定国民经济社会发展第十个五年计划的建议》第一次明确提出了"文化产业"这个概念。党的十六大报告指出，"发展文化产业是市场经济条件下繁荣社会主义文化、满足人民群众精神文化需求的重要途径"。国家文化部在 1998 年特别增设了文化产业司。十多年来，中国文化市场"一手抓繁荣，一手抓管理"，基本形成了由娱乐市场、演出市场、音像市场、电影市场、网络文化市场、艺术品市场等组成的统一、开放、竞争、有序的市场体系，初步建立了以综合行政执法、社会监督、行业自律、技术监控为主要内容的市场监管体系。文化市场形成多样化、多层次、多渠道的文化产品供给新格局和传播快、覆盖广、容量大的文化产品流通新网络。中国文化产业初具规模，前景良好。从经济总量看，中国文化产业增加值占 GDP 比重稳步提高，2004 年至 2013 年，全国文化产业增加值年平均增长速度超过 23%。依据《文化及相关产业分类》（2012）新标准测算，2012 年中国文化及相关产业法人单位增加值达 18071 亿元，按同口径和现价计算，比上年增长了 16.5%，比同期的 GDP 现价增速高出了 6.8 个百分点。部分省市文化产业增加值占地区生产总值超过 5%，已经成为当地的支柱性产业。

从增长情况看，2008～2012 年间，文化产业法人单位增加值年均增长 24.2%，继续较大幅度高于同期 GDP 的现价年均增长速度。2012 年，文化产业法人单位增加值占国内生产总值的比重为 3.48%，按同口径计算，比上年提高 0.2 个百分点，文化产业对当年的经济总量增长贡献达到了 5.5%。文化产业增加值在国内生产总值中的比重稳步提高。其中出口规模，从 2001 年到 2012 年，中国文化产品和服务出口分别增长了 2.8 倍和 9.1 倍。

从结构上看，文化产业结构继续优化，文化服务业增加值占文化产业法人单位增加值的 53.7%，比 2004 年增加 13.7 个百分点。2010 年文化产品制造单位实现增加值 4391 亿元，比上年增长 23.5%；文化产品销售单位实现增加值 638 亿元，增长 22.2%；文化服务提供单位实现增加值 5937 亿元，增长 27.9%。文化产品制造单位、文化产品销售单位的增加值占文化产业法人单位增加值的 39.7% 和 5.8%，比 2004 年分别下降 8.0 和 4.8 个百分

---

① 数据来源于国家统计局官方网站。

点。说明服务行业比重有所上升，符合我国科学发展的发展要求。

2005 年至 2012 年间，我国文化及相关产业法人单位增加值现价的年平均增速为 23%，高于同期 GDP 现价增速 6.6 个百分点，法人单位增加值占 GDP 的比重由 2004 年的 1.94% 逐年提高到 2011 年的 2.85%。

通过这些数据可以看出，近十几年来我国文化产业发展规模从小到大，发展势头良好，整体实现了较快增长，在国民经济中的份额稳步提高，对整个国民经济的贡献逐年加大。

据国家统计局 2014 年 2 月发布的 2013 年国民经济数据显示，2013 年全年居民消费价格比 2012 年上涨 2.6%。其中，娱乐、教育、文化用品及服务上涨 1.8%。值得注意的是，2014 年文化行业并购潮仍将持续，甚至较 2013 年更火。据统计，仅 2004 年 1 月份，沪深两市已发布 20 起文化传媒类并购案，涉及影视、广告、有线和卫星电视、游戏等子行业，累计资金近 170 亿元。

2013 年，文化传媒板块成了资本市场的"红人"，并购利好吸引大量资金涌入，板块市值大幅提升。据统计，2013 年 A 股文化传媒板块共发生 56 起并购事件，涉及资金近 400 亿元。就市值而言，2013 年，文化传媒板块总市值从 3120.61 亿元增长至 6438.15 亿元，增长 106.31%。

易凯资本创始人兼首席执行官王冉曾对媒体表示，"文化产业将在 2014 年迎来并购大潮"。他说，2013 年出现了一波前所未有的 A 股并购新媒体、新经济公司的浪潮，但这只是一个开始。A 股的传媒影视类公司在接下来有可能把收购目标转移到更大的互联网公司身上，与之前交易规模多在 3 亿元到 30 亿元人民币相比，2014 年很可能出现 10 亿美元以上的 A 股收购案例。业内人士看来，未来文化产业的并购趋于多元化，即倾向于在电影、电视剧、出版、动漫、游戏等产业链上下游协同发展。这意味着未来 A 股市场将会出现几家综合性的文化传媒集团。值得注意的是，2014 年文化行业并购潮仍将持续，甚至较 2013 年更火。有数据显示，今年 1 月份沪深两市已发布 20 起文化传媒类并购案，涉及影视、广告、有线和卫星电视、游戏等子行业，累计资金近 170 亿元。另据 Wind 数据显示，进入 2014 年以来，沪深两市已经发生了 20 起文化传媒类并购案，涉及资金 169.51 亿元。包括科冕木业收购游戏公司天神互动 100% 股权，光线传媒收购电视剧制作公司新丽传媒 27.64% 股权，联建光电收购分时传媒 100% 股权，世纪华通收购天游软件、七酷网络各 100%

股权，湖北广电收购楚天视讯等 4 公司 100%股权，北京旅游收购电影公司光景瑞星 100%股权等。在业内人士看来，未来文化产业的并购趋于多元化，即倾向于在电影、电视剧、出版、动漫、游戏等产业链上下游协同发展。综上所述，从 1998 年国家文化部设立文化产业司以来，中国文化产业发展的主要特征是体制在松绑、机制在搞活、政府在主导、政策在推动等。目前，文化产业正迎来历史性拐点，进入更为健康的高速发展期。国家"十一五"规划已经把文化产业作为调整经济结构的重要举措，从中央到地方出台了一系列鼓励文化产业发展的政策和措施。

国家文化部明确提出，文化产业近 5 年内要实现年均 15%以上的增长。北京、上海、江苏、浙江、广东、云南、河南等省（区、市）都提出了建设文化大省、文化强省的目标，提出了文化产业增长速度要高于 GDP 的增长速度。在金融危机从美国发端并仍在全球蔓延之际，中国文化产业已在一定程度上受到了不小的影响。对于一些坚持创新的文化单位来说，风暴虽然潜藏风险，但更蕴含机遇。国家拉动内需、拉动消费、减少收入差距等政策的实施，以及教育、卫生、文化等领域的改革，都会直接拉动文化消费，推动文化产业发展。

总之，文化产业已经成为市场经济条件下繁荣社会主义文化、满足人民群众精神文化需求的重要产业，成为当前经济发展极具潜力的增长点。文化产业业态越来越受到社会各界的重视，文化产业、文化产业投资、文化产业投资机制研究也越来越受到政界、商界、学界的关注。

案例：《爸爸去哪儿》2014 年春节票房破 5.7 亿，光线全年票房冲击 40 亿

作为2013-2014年文化产业投资领域的佼佼者，不少业内人士看好光线传媒2014年业绩，认为公司电影业务将迎来大年，且公司参股的游戏公司天神互动有望借壳上市，前期游戏业务投资将获较高回报。

2014年2月10日中午，光线传媒发布公告称，公司参与投资及发行的影片《爸爸去哪儿》于2014年1月31日在中国大陆地区公映。据不完全统计，截至2014年2月9日24时，该影片在中国大陆地区上映10天，票房成绩约为5.7亿元，超过公司最近一个会计年度经审计营业收入的50%。根据光线传媒2013年年报业绩预告，公司预计2013年全年净利润低于

预期，原因正是公司四季度电影业务变现不尽如人意。不过，不少业内人士仍对公司2014年业绩看好，认为2014年公司电影业务将迎来大年，全年票房有望冲击40亿元。

然而影片《爸爸去哪儿》只拍摄了一周就完工，堪称史上最"快餐"的电影，有业内人士曾质疑该影片"太投机"。对此，零点咨询研究集团咨询副总监邵刚分析，"电影《爸爸去哪儿》本身其实已经不是电影的模式，更多的是一个视频的模式。它的成功主要依赖两点。首先，综艺节目前期对影片做了很好的宣传；其次，选择了一个非常好的时间点去上映，且题材适合春节期间全家人一起去电影院观看。"邵刚解释说，通常意义而言，电影是一个内容产品，很多时候是靠质量来吸引观众的，但这部电影本身与其说是一个内容产品，不如说是综艺节目《爸爸去哪儿》的衍生品，所以它的类型更接近于在电影院放一些比赛、综艺节目。

值得一提的是，同样是由热播节目《中国好声音》衍生的影片《中国好声音之为你转身》，上映却遭票房惨败。影片最终票房不到300万元，与上映前预期的10亿元票房大相径庭。邵刚认为，《中国好声音之为你转身》的档期显然不如《爸爸去哪儿》，此外还与影片的形式有关。就综艺节目本身而言，《中国好声音》的目标观众群体比《爸爸去哪儿》要窄，并且《中国好声音》吸引观众核心的竞争点是选手歌唱演艺的专业性，而《爸爸去哪儿》吸引观众的点主要是节目本身的模式，以及节目的参与者。"因此，搬上银幕后，《爸爸去哪儿》保留了原节目中吸引观众的点"。

此外，与影片《爸爸去哪儿》一样，《中国好声音之为你转身》同样由光线传媒投资发行。乐正传媒研发咨询总监彭侃认为，《爸爸去哪儿》的票房成功，湖南卫视旗下的天娱传媒协助宣传也有功劳。有专家认为，2014年将是公司的电影"大年"，公司将全力冲击40亿元票房。根据此前的公告，2014年，光线预计将发行约15部电影，总体票房目标40亿元。电影片单包括《爸爸去哪儿电影版》（少量参股投资）、《港囧》（《泰囧》续集，《同桌的你》、《分手大师》（邓超导演制作）、《我的情敌是超人》（九把刀、柴智屏制作，《那些年我们追过的女孩》原班制作人团队）、《谋面》（刘德华、黄渤主演）、《左耳》、《秦时明月》、《赛尔号》以及可能上映的超人气网络小说《盗墓笔记》、《诛仙》电影版。

除了已经被各大投资方看好的几部大片之外，专家看好《秦时明月》和《赛尔号》，认为两部影片可能会成为公司2014年票房的黑马。这是因为首先两部都是超人气动画片的电影版，具有广泛的观众基础；其次，《爸爸去哪儿》电视节目的火爆已证明随着这一波"婴儿出生潮"的到来，与儿童相关的文化概念将持续升温；再者，海外特别是美国市场数据显示，动画片票房占总票房比例通常达到15%，而国内仅为5%左右，具有巨大的爆发市场空间。

由《爸爸去哪儿》的爆红，必然还会引发了我们关于文化产业投资更多的思考。

二、研究意义

理论研究和实践发展表明，要做大、做强文化产业，必须在国家法律、法规框架内，改革现有的文化体制，创新文化产业投资机制，激活文化单位活力。进入新时期，中国文化体制改革已经起步，有所作为，但步履维艰，进展缓慢。随着文化体制改革的进一步深入，文化单位活力的进一步释放，文化产业投资重要性愈来愈凸显出来。文化产业投资是文化产业资本形成的重要途径和长足发展的根本动力。要提高文化单位的资本运行效率，就必须不断地对资本流量和存量进行调整，不时地对文化单位投资活动进行规范和管理。但仅仅意识到文化产业发展与文化产业投资之间的联系，只是认识到了文化产业投资问题的一小部分。在文化产业投资诸多问题中，完善的投资机制是拓宽文化产业投资渠道的前提条件，是促进文化产业快速发展的根本保证。实践证明，文化产业投资机制是文化产业投资"重中之重"的问题。因此，对"创新文化产业投资机制"这一课题进行深入研究，不仅具有重要性，而且具有紧迫性；不仅具有重要的理论意义，而且具有重要的实践意义。

对"创新文化产业投资机制"这一课题进行研究是一个系统工程，几乎涉及文化、文化产业、投资、文化产业投资、文化产业投资机制的方方面面。目前，国内外还没有人专门研究过这一课题，更没有相关专著问世。

2012年，国家政府工作报告首次提出"考核体系"，引发新一轮人们对"文化体制改革"为何要改、如何去改的思考。

党的十八大报告科学把握当今文化发展趋势和我国文化发展方向，作出了深化文化体制改革的重大决策，提出了新的目标要求，这对于扎实推进社会主义文化强国建设，实现中华民族伟大复兴，具有十分重大的意义。进一步深化文化体制改革，既为我们学习借鉴世界优秀文化成果，推动我国文化走向世界、提高文化软实力提供了有利条件，也使我国文化面临激烈的国际竞争。人们获取知识、传递信息、鉴赏文化的渠道和方式，既极大增强了文化的创造力和传播力，为催生新兴文化业态和新的表现形式提供了广阔空间，也对占领新兴文化阵地、运用现代传播技术加快文化改革发展、维护国家信息安全和文化安全提出了新的要求。这就要求我们必须深化文化体制改革，建立与现代传播技术迅猛发展相适应的体制机制，促进文化与科技融合，加快构建以企业为主体、市场为导向、产学研相结合的文化技术创新体系，催生新的文化业态，用先进技术传播先进文化，不断增强我国文化整体实力和竞争力。

要将文化体制改革纳入经济社会发展整体规划，并用法律加以规范。比如要立法限制城市大楼高度，不要让各个城市都建设摩天大厦。目前在城市化进程中，一些古村落不断消失，令专家学者痛心，必须从文化角度来规划城市建设，对文化遗产立法进行保护。进行国家文化发展战略研究已刻不容缓，不认真抓国家文化战略，很容易造成对文化遗产的破坏。城市建设千城一面，大城市一个样，中小城市也一个样，城乡结合部也是一个样。城市建设应该使文化得以传承，使人们的精神和物质都能得到满足。因此，国家必须要有文化战略进行总体指导，不要让建设变成破坏。

近年来，文化体制改革分了两个路径，就是把文化事业和产业分开。改革后，文化产业方面的确收到了很好的经济效果。但是不少企业片面追求经济利益，放弃了许多文化产品应坚持的东西。但是文化产品应该对公众有引领作用，而不是完全被市场需求牵着走，否则，这样的产品对塑造中国人的品格，对中国人内心世界的建设能有什么意义？党的十八届三中全会以来，适应文化体制改革进入深水区和攻坚期的新形势，各级宣传文化部门按照"加大力度、巩固提高、深化拓展、攻坚克难、科学发展"的要求，深入调查研究，加强统筹规划，完善政策措施，文化改革发展保持积极健康的良好态势。具体表现是，攻坚克难、深化拓展，进一步推进文化体制机制创新；转变方式、提质增效，文化事业产业持续健康发展；凝魂聚气、强本固基，培育弘扬社会主义核心价值观等。

在这样的大背景下，越来越多的"文化"主题公园开建。有的投资上百亿元的电影主题公园，计划建设面积比香港迪士尼乐园大几倍，由于占地多、分阶段开发，被网民质疑是"赤裸裸的房地产开发"。而事实上，相对于群众的文化需求，中国的文化产品总量并

9

不少，但是目前国内文化市场存在着结构性错位。一边是文化产品质量不高，市场呈现"供大于求"的状况；一边是老百姓享受不到好的文化作品和服务，出现文化需求"吃不饱"的现象。我们的现状是，没有很多好的品牌，数量虽然很多，但竞争性却不强。盛世崛起，离不开文化复兴。按照中国国情，要把文化纳入各级干部考核范畴，一方面能提高地方政府对文化的重视，加大对文化产业的投入；另一方面，也需要警惕发展文化产业片面追求经济效益的倾向，按照文化发展的规律，发挥政策导向"指挥棒"的引导作用。

本书对这一课题的研究虽然不够深入，但是梳理了国内外文化产业投资及投资机制的相关研究文献，厘清了国内外文化产业投资、文化产业投资机制的实践发展轨迹，进而对该领域相关观点进行了承接、拓展和深化；对国外文化产业投资机制进行了全面概括，对美国、英国和韩国等世界代表性国家的文化产业投资机制进行了深入剖析，并从引进外资要警惕国外文化资本进入背后的文化霸权和如何保护本民族文化产业等角度，提醒读者和有关部门要谨防国外文化产业投资机制对中国发展文化产业可能造成负面影响；应用DEA及Malmquist生产率指数对中国各省（区、市）文化产业投资效率进行了实证测评等。

理论上，本书填补了这一领域的研究空白，并对文化体制改革和文化产业投资机制创新具有重要的理论参考价值。实践上，针对目前文化产业投资机制存在的问题，从投资主体形成机制、宏观调控机制、微观运行机制、运行监督机制等角度，界定了文化产业投资机制的概念，设计了文化产业投资新机制，并对文化产业投资新机制的运行进行了分析；立足政府、文化单位、捐助者、文化中介和资本市场等不同角色，构想了文化产业投资新机制的实现路径等，这对文化产业投资机制创新具有重要的实践指导价值。

第二节 文献综述

笔者检索中国博士学位论文全文数据库（CDFD）、中国优秀硕士学位论文全文数据库（CMFD）、中国学术期刊网络出版总库（CAJD）、中国重要报纸全文数据库（CCND）、中国重要会议论文全文数据库（CPCD）、中国引文数据库（CCD）、CNKI学术期刊全文库、中文科技期刊全文库、EBSCO学术期刊文摘及全文数据库、ELSEVIER数据库、INGENTA CONNECT（原UNCOVER）数据库、PROQUEST DIGITAL DISSERTATION（PQDD）数据库、CNKI博硕士学位论文数据库等后发现，目前国内外关于文化、文化产业、文化经济、文化传媒的研究较多，关于文化产业投资的研究较少。一些学者关于文化产业投资原本就不多的论述还零星地散见于相关文献中，还没有人对其进行系统地梳理和提炼。更没有人专门去研究过文化产业投资机制问题。

一、文化产业相关文献

1. 国外文化产业相关文献

国外学者通常认为，文化产业是以经营符号性商品和信息为主的产业，商品的基本经济价值源于它们的文化价值，并形成了从创意、生产到再生产和交易全过程的产业链，它不仅包括传统的广播、电视、出版、视觉艺术等，还包含如互联网等高新技术产业[3]。文化产业在经济和社会发展中的地位和作用越来越重要，并被国际学界公认为朝阳产业。在许多发达国家，文化产业已经成为国民经济的支柱产业。国外文化产业理论研究成果不少，主要观点见表1.1。

11

表1.1　国外文化产业研究主要成果表

学　者	主　要　理　论　贡　献
霍克海默 阿多诺	首次提出"文化产业"概念。认为文化产业是一种标准化、复制化、大批量的工业化生产。并从艺术和哲学价值评判的角度对文化产业进行了否定性批判[4]。
本雅明	研究了工业化时期，复制技术对传统私人文化破坏情况下，艺术的社会和认识功能的变化。对文化产业持乐观态度，承认大众文化产品的积极价值和历史意义[5]。
贾斯廷·奥康纳	认为文化产业是以经营符号性商品为主的活动，这些商品的基本经济价值源于它们的文化价值[6]。
大卫·索斯比	认为文化产业就是在生产中包含创造性，凝结一定程度的知识产权，并传递象征性意义的文化产品和服务[7]。
John Fiske	对文化产业进行了经济学研究，阐述了文化的生产、消费及其价值实现和文化产业的基本特征[8]。
布迪厄	提出了文化资本理论。认为资本有三种基本形态：经济资本、文化资本和社会资本。文化资本有具体形式、客观形式和体制形式三种存在样式[9]。
David Throsby	将文化资本视为与物质资本、人力资本和自然资本并列的资本。认为文化资本是以财富形式表现出来的文化价值的积累，是文化产业承继和发展的源头[10]。
麦耶斯考夫	阐述了艺术与文化产业在经济和就业方面的影响[11]。
查尔斯·兰蒂	将经济学"价值链分析法"引入文化产业研究，从而提出了构成文化产业基本价值链的五个环节：创意的形成、文化产品的生产、文化产品的流通、文化产品的发送机构和最终消费者的接受等[12]。
理查德.E.凯夫斯	文化创意产业中经济活动会全面影响当代文化商品的供求关系和产品价格[13]。
约翰·霍金斯	认为文化创意产业是产品在知识产权法保护范围内的经济部门[14]。
Stuart Cunningham	认为文化创意产业的产生、发展和在英国以外的一些国家的应用，以及为什么能在短时间内成为当前重要的政策取向的根本原因在于它有能力让人们认识到文化创意产业对一个国家、区域的经济和社会发展具有非常重要的作用[15]。
Simon Roodhouse	分析了文化产业与文化创意产业的关系，认为文化创意产业与文化产业的联系不是由产业链来决定的，而是由价值链定律来完成的[16]。

学 者	主 要 理 论 贡 献
F.佩鲁	认为如果脱离文化基础,任何一种经济概念都不可能得到彻底深入的思考[17]。
David Throsby	最早提出创意经济学概念并将创意行为模型化[18]。
Kretsehmer、Michacl	用四个属性来归纳文化产业:①有大量过度供给的潜在产品;②产品的质量高度不确定性;③对该产业中产品的消费存在特别的网络效应:④对该产业的产品需求呈现周而复始的周期性[19]。
斯图亚特·坎宁安	通过考察文化产业概念的历史演变,分析了文化产业与文化创意产业这两个概念之间的关联性[20]。
Baumol、Bowen	提出了似乎与技术促进文化艺术发展的规律相悖的经济命题:"成本弊病"[21]。
派恩·吉尔摩	在对过程技术发展及其导致的产品大规模定制的可能性的研究中,多处讨论文化产业发展的例子[22]。
Bates Ryan	比较了美国和欧洲对互联网音乐共享及产权保护方面的差异[23]。
Dimmick John W.	研究了互联网传媒与传统传媒的竞争问题[24]。
Shaver	研究了数字技术对图书出版业的影响[25]。
Me Cabe	研究了技术进步条件下杂志的定价与兼并等问题[26]。
Hirsch	最早注意到文化产业的组织问题,把文化产业看做一个由各类组织相链接而成的系统,这一系统中最重要的是文化生产部门、大众传播部门、分销部门[27]。
Peterson	以美国流行音乐产业为例研究了文化创意产品的生命周期。认为流行音乐产业往往在经历一个较长的集中化过程后出现短暂的竞争局面,当集中化程度比较高时,音乐产品趋同。当竞争激烈时,音乐产品则趋于多元化。出现这种情况的原因是创意要素、特许经营权及分销的纵向一体化[28]。
Carrofl	从产业生态视角对地方报纸产业制度环境进行了研究[29]。

2. 国内文化产业相关文献

20世纪90年代以前,国内学术界注重文化的意识形态属性,强调文化的宣传教化功能,对文化的产业属性重视不够,并缺乏研究。后来部分研究文化、哲学、美学或社会学的学者转而研究文化产业,并逐渐取得了一些成果。目前,国内关于文化产业的研究主要集中在文化产业概念、性质、文化产业宏观政策环境等方面[30],主要观点见表1.2。

表 1.2 国内文化产业研究主要成果表

学 者	主 要 理 论 贡 献
陈立旭	认为文化产业是生产和经营文化产品的企业群[31]。
万 里	认为文化产业是提升人们生活尤其是精神生活的可进行商品交易的生产与服务[32]。
冯子标	认为文化产业论题本身就是文化的产业属性的复归[33]。
李春英	认为文化产业是以文化为主要资源，从事文化产品与服务的生产经营活动，以及为这种生产和经营提供相关服务的企业和行业[34]。
章建刚	认为产业是文化产业的主要成分，文化是对文化产业的限定[35]。
张晓明	提出了文化产业发展的不平衡性[36]。
焦斌龙	从资本、劳动、技术和市场约束等角度，探讨工业化时期文化产业发展的基本规律[37]。
谢名家	从精神生产角度提出文化产业的概念，并提出了文化产业发展机制[38]。
卢 渝	提出在经济欠发达地区发展文化产业的思路和模式[39]。
孟晓驷	从需求角度提出文化产业发展的机理[40]。
柯 克	全面分析了文化产业的生产主体、经营主体和消费主体的作用[41]。
乐后圣	提出文化产业是 21 世纪的黄金产业，对文化产业进行了全方位地解读[42]。
喻国明	认为传媒业经济学本质在于影响经济，在于传媒产业的宏观改革滞后于微观改革[43]。
孙安民	将文化产业的发展模式分为虚文化发展模式和实文化发展模式，前者指以文化为虚、以文化为附加、以文化为帮衬，文化处于隐性状态[44]。
尹 鸿	对中国传媒产业核心竞争力进行了研究[45]。
胡惠林 李康化	从文化经济一体化发展角度，探讨了文化产业的生成与发展[46]。
祁述裕	构建了文化产业竞争力理论模型，分析了文化产业基本构成要素、制约因素，分析了中国文化产业竞争力的现状，提出了提升文化产业竞争力的具体战术[47]。
李怀亮	研究当代国际文化贸易与文化竞争，提出了全球化时代中国的国际文化竞争战略[48]。
林 拓	在分析世界文化产业发展和世界性城市竞争力演变的基础上，阐释了文化产业与城市发展双向推动的良性循环[49]。
居朝晖	提出了市场取向、结构优化、品牌带动、科技创新、人才集聚等增强文化产业竞争力的发展战略[50]。

学 者	主 要 理 论 贡 献
潘嘉玮	从政策与法律角度，探讨了加入世界贸易组织后，中国文化产业发展的政策、法律体系构建问题[51]。
荣跃明	打造中国文化创意产业首先要从优化产业发展外部环境开始，尤其是加快金融、科技、教育、文化体制改革步伐，通过体制改革，打通要素流动的瓶颈梗阻，按生产要求进行配置，发挥应有效率[52]。
王永庆	认为深圳发展文化创意产业应尽快制定和推出地方性政策法规或政府条例，要编制年度文化预算，设立由公共财政出资的"产业基金"，补贴和赞助一些文化艺术的创造性活动和交流活动，以及为新创立的文化单位提供贷款等[53]。
佟贺丰	认为政府是推动文化创意产业发展的重要力量。政府有责任营造一个适宜文化产业发展和企业公平竞争的外部环境[54]。
魏鹏举	把文化与创新视为增进社会总体福利和个体发展机会、能力的权利（Right）与社会进步与发展的动力（Power）[55]。
王缉慈	从发达国家文化创意产业的概念出发，研究了中国文化创意产业发展的背景和条件，讨论了文化创意产业集群在城市中形成和发展的问题[56]。
厉无畏	文化创意产业鼓励个人创造力释放。这种释放创造了新的产品和市场，为经济发展打开了新的通道和空间[57]。
刘 丽 张焕波	运用产业集群理论研究了文化产业。认为文化创意产业集群具有多样性和变化性，集群的形成不同于传统的企业聚集。人才被企业吸引。人才聚集吸引企业的聚集[58]。
邓 达	强调了知识产权对文化创意产业的关键作用。认为完善知识产权制度是文化创意产业发展战略中务必率先解决的核心问题[59]。
张京成 刘光宇	认为文化创意产业是由两种存在方式组成的产业群体。第一部分来源于创意元素被融入传统产业后的升级产业，即截层模型语境下的文化创意产业存在方式；第二部分来源于具有商业价值、为市场所需求的创意被产业化的结果[60]。

15

二、文化产业投资和投资机制相关文献

1. 国外文化产业投资相关文献

文化产业发展需要投资推动。从20世纪90年代开始，欧美发达国家都加强了对文化产业投资的管理，积极制定相关政策，拓展投资渠道，引导文化产业健康发展。随着文化产业的迅速发展，国外专家对文化产业投资方面的研究也随之增多。主要观点见表1.3。

表1.3　国外文化产业投资研究主要成果表

时期	提出者	主　要　理　论　贡　献
1993	Nadiri	分析了文化产业投资的年私人企业回报率平均在20%~30%左右的原因。[61]。
1999	世界银行	认为文化产业投资是经济领域投资的重要组成部分，是世界经济运作方式的重要因素[62]。
2000	卡西·布里克伍德	认为文化不仅是一种辅助性行为，而且是社会的驱动力。提出欧盟各国要重新制定文化产业政策，努力改善欧洲社会结构，积极落实资助和扶持措施。在新兴文化产业领域，如媒体产业，创造就业机会，把新技术运用到文化活动中去[63]。
2001	Choi YoungHo	指出韩国文化产业不仅吸引了美、日、欧盟等国大量投资，而且政府和企业对文化产业的投资每年递增35%以上，这一做法在国际上具有典型意义[64]。
2001	意大利佛罗伦萨市文化发展委员会	认为文化产业的发展取决于文化产业政策，而文化投融资政策是文化产业政策的核心内容。文化投融资政策决定了文化市场准入程度等[65]。
2001	芮佳莉娜·罗马	以"盎格鲁——萨克逊方式"对文化产业进行解读，构建文化产业金字塔模型。回避了"索斯比环状模型"可能造成对文化产业内部行业划分等级的嫌疑，克服了单纯从产业化角度划分文化产业范围带来的文化产业范围过窄的不足[66]。
2002	Jasons Sun	指出美国电影业繁荣，应该从产业经济层面上理解，而不能仅仅从某一企业的角度去理解[67]。

2．国内文化产业投资相关文献

国内对文化产业投资的研究主要集中在介绍、借鉴和学习发达国家的投资经验，探讨适合中国国情的文化产业投资方式上。主要观点见表1.4。

表1.4　国内文化产业投资研究主要成果表

时期	学　者	主　要　理　论　贡　献
2002	花　建	认为中国文化产业投资要从加大投资规模入手，解决文化市场需求和文化生产能力不足的矛盾。要合理引导长期投资和短期投资、公共投资和商业投资在文化产业中的比重，使投资责任均衡化[68]。
2003	田永春	提出中国要积极借鉴韩国发展文化产业的投资经验[69]。

时期	学 者	主 要 理 论 贡 献
2004	谢耘耕	指出韩国文化产业迅猛发展得益于政府采取了巨额投资。一方面，国家加大文化产业投资；另一方面，国家成立文化产业振兴院，专门管理、推动文化产业发展等[70]。
2004	彭礼堂 周 亮	指出中国要学习国外文化产业投资的成功做法，借鉴别国的成功经验，依据本国国情，寻找解决文化产业投资不足的办法[71]。
2006	李 裙	从人力资本角度，探讨了文化产业投资的主体[72]。
2004	雷光华	分析了中国文化产业在国际竞争力中的不足和优势。从资金实力、市场竞争、科技水平等角度，将中国同西方发达国家的文化产业发展进行了比较[73]。
2005	王利明	指出非公有资本在文化产业投资领域的重要地位，研究了如何引导非公有资本进入文化产业[74]。
2006	周 笑	提出要想吸引市场化的投资，必须先进行产权结构调整，并要同步整合文化产业价值链[75]。
2006	周正兵 郑 艳	对中国文化产业投资基金的设立做了初步探讨和思考[76]。
2007	吴志华	分析了巴西文化产业投资的成功经验[77]。
2008	宋建龙	分析了文化产业投资的特点和形式，提出了文化产业投资回报的延伸性和社会影响[78]。
2008	邹升平	分析了国外文化产业投资的特点，借鉴国外文化产业发展经验，提出了中国文化产业发展应改革投资方法，放宽民间资本进入限制，进一步加强政府在文化产业投资中的地位和作用[79]。
2008	罗 靓	分析了文化产业的融资障碍，提出了金融机构应该为文化产业开辟特别通道[80]。
2008	马衍伟	对英国、法国、澳大利亚三国运用税收政策，促进文化产业发展的分析，证明了文化产业税收优惠政策能使投资者尽可能降低投资成本与风险[81]。
2008	杜广中	提出投融资体制的畅通是文化产业发展的强大动力和有力保证。文化产业投融资游移不定。一方面，是由其本身的一般特征所决定的；另一方面，也在于投资模式不合理[82]。
2008	张庆盈	提出要尽快制定中国文化产业促进法，特别是要制定文化产业市场主体法和投资法[83]。
2008	李宏源	从社会实践角度看，当前阻碍非公有资本投资文化产业的障碍是关键环节投资改革滞后、主体认识不到位、产业制度壁垒过高、基础设施建设落后等[84]。

　　值得注意的是，在现有文献中关于文化产业投资机制的全面研究还没见到，但有一些学者已经意识到了完善的文化产业投资机制对拓宽文化产业投资渠道的重要性，并发现了现行的文化产业投资机制存在着诸多的问题。学者纪建悦认为，文化产业作为朝阳产业，已经成为一些发达国家的经济支柱，在中国取得了长足的发展，但与发达国家相比，差距仍然很大。造成这种状况的主要原因是中国文化产业投资机制存在许多问题，不能对文化产业发展提供充足的资金支持。此外，纪建悦还从投资主体的多元化、实行集约经营、创建良好的投资环境等角度，提出了完善文化产业投资机制的建议[85]。

三、现有研究不足

　　目前，国内外一些学者已经为这一课题做了一些研究，出了一些成果，但总体而论，还存在着诸多不足。

　　1. 现有文献仅是宽泛地规范性描述，没有深入地解释性研究

　　目前，国外文献研究了文化产业、文化产业投资的概念和特征，但是现有研究大多停留在基本理论研究层面上，研究深度不够。国内文献以对文化产业投资的经验介绍为主，大都是描述性和规范性研究，描述了文化产业投资制度本身，没有深入研究这种制度是如何制定的、哪些因素导致了投资者做出了这样的制度选择、这种制度是否实现了预期的目标等，没有对文化产业投资因果机制进行深入研究。而研究"文化产业投资机制"这一课题，只讲现状如何（实然）、应该如何（应然），较少剖析问题的根源和症结（所以然），这是远远不够的。对问题的探讨如果仅纳入规范分析的范畴，不从问题现状、形成原因、难以解决的症结、问题解决的对策及其实践可能出现的后果等方面去研究，并形成严密的逻辑体系，这就违背了从管理学的角度去研究文化产业投资机制的初衷。

　　2. 缺乏对文化产业投资机制内在机理作定量研究

　　由于文化产业的文化属性并关乎国家文化安全，对其研究主要停留在定性描述层次，缺乏定量考证，这不利于细致深入地揭示文化产业投资的实际状况，且有针对性和根据性地制定文化产业投资政策。因此，在剖析文化产业投资机制时，有必要从定量角度对其运行状况及运行效率进行跟踪与评估，这一方面能弥补以往研究的不足，另一方面更重要的是为相关政策的制定提供科学依据。

3. 缺乏对文化产业投资发展的整体研究

国内已有文献分析大多将研究对象局限于东部经济发达地区和北京、上海、广东和深圳等大城市，没有对中部和西部经济欠发达地区，以及郑州、武汉和重庆等中、西部城市进行深入剖析。这样不但不能提供准确的评估标准，也无法对全国面上情况进行评估，不能准确判断中国文化产业投资的整体发展水平。

第三节　研究内容和技术路线

一、研究内容

全书共分6章，除了作为《绪论》的第一章，第二至六章是主体。在《绪论》铺垫下，全书分5章对"创新文化产业投资机制"这一课题进行了较全面研究。

第一章分析了全书的选题背景和研究意义，强调文化产业发展需要投资推动，指出要做大、做强文化产业，必须改革现有的文化体制，创新文化产业投资机制，激活文化单位活力；梳理了国内外学者对文化产业、文化产业投资的研究成果，指出了现在研究的不足；描述了全书各章的主要内容和研究方法，用研究技术路线图准确、简洁地反映了全书研究的技术路线；阐述了全书研究采用的方法等。

第二章对文化产业、文化产业投资和文化产业投资机制的相关理论进行了系统梳理和论述，并对其概念、特征及关系进行了辨析与界定；将博弈论运用到产业投资领域，指出在转轨经济条件下，政府在做市场化的产业投资安排时，要考虑转轨经济的初始状态，要特别注意惯性对转轨经济的影响；从投资主体形成机制、投资宏观调控机制、投资微观运行机制、投资运行监督机制等角度，创新性地阐明了文化产业投资机制的内涵；延伸性地论述了文化产业投资机制对其它产业的发展具有渗透、转换和提升功能。此外，还论述了中国文化产业投资机制的演进过程；分析了文化产业投资机制的现状等。

第三章应用DEA及Malmquist生产率指数对各省（区、市）文化产业投资效率进行了实证测评；并将熵的概念引入文化产业投资项目风险决策，解决了采用不同风险决策原则得出的结论不一致时，如何权衡的问题。

第四章首先从政府投入不足和外资利用水平不高等角度，论述了文化产业投资机制存在的问题；其次，对国外文化产业投资机制进行了系统研究，分析出了国外文化产业投资具有投资主体多元化和投资方式多样化等特点；再次，对美国、英国、法国和韩国等世界代表性国家的文化产业投资机制进行了剖析；最后，从如何引进外资、引进外资要警惕国外文化资本背后的文化霸权和如何保护本民族文化产业健康、快速、平稳发展等角度，警示读者和有关部门要谨防国外文化产业投资机制的某些方面对中国可能造成的负面影响。

第五章从柔性劳动力市场、人文素质、地方文化历史沉淀和制度激励等角度，研究了文化产业投资的系统演进；论述了文化产业投资新机制的设计原则；阐明了"投资准入区别化、投资主体多元化、投资方式多样化、投资机制市场化"的文化产业投资新机制设计方案。

第六章构想了文化产业投资新机制的实现路径是政府在文化产业投资中要起主导作用、文化单位在文化产业投资中要起主体作用、社会捐助在文化产业投资中要起扶持作用、文化中介在文化产业投资中要起辅助作用、资本市场在文化产业投资中要起助推作用等。

二、技术路线

研究技术路线见图1.1。

第四节　研究方法

一、文献分析法

在查阅大量文献，收集若干数据和各种有用的资料后，系统地梳理了国内外文化产业、文化产业投资的相关文献，理性分析了三者之间的内在逻辑，厘清了国内外文化产业投资机制的实践发展轨迹和理论研究历程，实现了对前人研究成果的再利用和再加工，进而对相关观点进行了承接、拓展和深化。

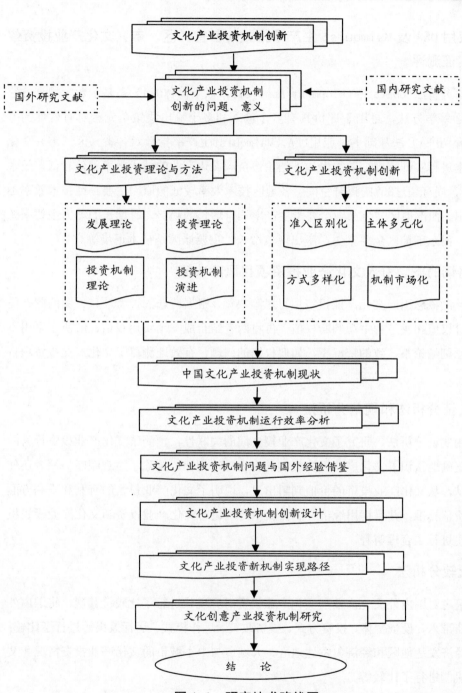

图 1.1 研究技术路线图

二、应用 DEA 及 Malmquist 生产率指数对各省（区、市）文化产业投资效率进行了实证测评

数据包络分析法（Data Envelopment Analysis，以下简称DEA）是基于数学规划方法的一种新的运筹学方法，是用于评价具有多个输入和多个输出决策单元相对有效性的方法。本书在介绍DEA方法基础上，应用DEA及Malmquist生产率指数对各省（区、市）文化产业投资效率进行实证测评，并得出如下结论：全国文化产业的技术效率整体较低，效率均值为0.641，尚有超过35%的提升空间；各地区技术效率较低的原因主要是纯技术效率不高；全国及中、西部地区文化产业全要素生产率均有增长的趋势，且增长的动力主要来源于技术进步，而东部地区全要素生产率出现负增长，主要原因是技术退步等。

三、将熵的概念引入文化产业投资项目风险决策

笔者将熵的概念引入文化产业投资项目风险决策，根据待选的投资项目方案的固有信息，求得评价权值和决策者主观判断权值，再将两者结合成一个实用权值，解决了采用不同风险决策原则结论不一致的情况下，如何权衡的问题，有效地测算了文化产业投资项目风险。

四、实证分析法和规范分析法

笔者采用实证分析法，研究了文化产业投资间的关联性，预测了文化产业投资行为的效果，从而正确地认识了文化产业投资机制的客观运行规律，排除了主观臆断。笔者还使用规范分析法，从文化产业投资的价值判断出发，说明了文化产业投资的有利和不利方面取决于某种价值标准，并且运用经济学、投资学等理论对文化产业投资和文化产业投资机制的相关理论进行了合理解释。

五、比较分析法

首先，笔者对国内外文化产业和文化产业投资研究现状进行了比较；其次，将国内外文化产业投资准入、投资主体、投资方式、投资政策、运作模式、运行效果等进行了比较；最后，又对经济发达地区和经济欠发达地区、大城市与中小城市的文化产业投资情况和文化产业投资机制进行了比较等。

第二章　文化产业投资机制理论研究

第一节　文化产业相关理论

一、文化产业概念

文化产业是以文化价值为灵魂，以科学技术为支撑，以现代传播手段为标志，以软件、动漫、数字领域等企业为核心的产业。西方文化产业理论诞生于20世纪30年代德国的法兰克福学派，代表人物阿多诺和霍克海默在1974年出版的《启蒙辩证法》一书中首次提出了"文化产业"这一概念。阿多诺和霍克海默对文化产业持悲观态度，并从艺术和哲学价值评判的角度对文化产业进行了否定性批判[4]。与阿多诺和霍克海默不同，同属于法兰克福学派的本雅明对文化产业持乐观态度，承认了大众文化产品的积极价值和历史意义[86]。但是无论阿多诺、霍克海默，还是本杰明等都没有对文化产业下一个学术界大多数人认可的定义。阿多诺和霍克海默提出的"文化产业"概念，被称为"文化工业"、"媒体文化"、"内容产业"、"版权产业"等。英国称为"创意产业"，而在日本称为娱乐观光业。澳大利亚麦觉里大学教授、前国际文化经济学会主席大卫·索斯比认为，文化产业就是"在生产中包含创造性，凝结了一定程度的知识产权，并传递象征性意义的文化产品和服务"[87]。英国曼彻斯特大学大众文化研究所执行主席贾斯廷·奥康纳认为，文化产业就是"以经营符号性商品为主的活动，这些商品的基本经济价值源于它们的文化价值"，这其中包括广播、电视、出版、唱片、设计、建筑、新媒体等[88]。英国伦敦经济和政治学院学者安迪·C·普拉特认为，文化产业与以文化形式出现的材料与生产所涉及的各种活动有联系，并在全球化时代构成了巨大的产业链，包括内容的创意、生产输入、再生产和交易四个链环，相互交融构成庞大的文化产业生产体系[89]。联合国教科文组织将文化产业定义为"结合创造、生产与商品化等方式，运用本质是无形的文化内容所形成的产业。这些内容受到著作权的保障，其形式可以是货品或服务"。

国家统计局于2004年4月1日发布了《关于〈文化及相关产业分类〉的通知》（国统字〔2004〕24号）（以下简称《通知》）。《通知》指出，文化及相关产业指为社会公众提供文化娱乐和服务的活动，以及与这些活动有关联的活动集合。文化及相关活动主要包括文化产品制作和销售、文化传播服务、文化休闲娱乐服务、文化用品生产和销售、文化设备生产和销售、相关文化制作和销售等活动。文化及相关产业主要分为文化服务和相关文化服务两大部分。文化服务又分为新闻服务、出版发行和版权服务、广播电视电影服务、文化艺术服务、网络文化服务、文化休闲服务和文化艺术商务代理等文化服务。相关文化服务包括文化用品和设备及相关文化产品的生产、文化用品和设备及相关文化产品的销售等。国家统计局于2012年8月2日发布了《文化及相关产业分类(2012)》指出，文化及相关产业是指为社会公众提供文化产品和文化相关产品的生产活动的集合。根据以上定义，我国文化及相关产业的范围包括：一是以文化为核心内容，为直接满足人们的精神需要而进行的创作、制造、传播、展示等文化产品（包括货物和服务）的生产活动；二是为实现文化产品生产所必需的辅助生产活动；三是作为文化产品实物载体或制作（使用、传播、展示）工具的文化用品的生产活动(包括制造和销售)；四是为实现文化产品生产所需专用设备的生产活动(包括制造和销售)。文化产业之所以被公认为"朝阳产业或未来取向产业"，原因是：一方面，文化产业可以有效地突破传统产业的发展瓶颈，促进产业转型与升级；另一方面，文化产业对提升综合国力，提升区域和城市竞争力和软实力具有重要的战略意义。

二、文化产业化和产业文化化

约翰·奈斯比特在《亚洲大趋势》中指出，文化产业化和产业文化化是未来经济结构调整的两大趋势[90]。

1. 文化产业化

文化产业化是文化发展的重要动力。在许多情况下，文化发展不但为自身创造了巨大的经济效益，而且成为带动经济发展的重要动力。从理论上说，文化产业具有双重特征，既有意识形态的一面，又有物质形态的一面；既是精神生产，又是物质生产，是经济和文化一体化的产物。从本质上说，文化产业与其它产业一样，都要提供可交换的产品或服务，但文化产业与其它产业的产品生产制作和服务的提供方式是不同的。无论在规模、质量、数量，还是在知识、科技含量和附加值的比重上，文化产品的生产都是过去农耕社会和计划经济时代任何生产不能比拟的，文化服务的提供内容和方式也是过去农耕社会和计划经济时代任何服务的提供内容和方式不能比拟的。随着科学技术和市场经济的发展，文化产品采用了工业化大生产的方式进行制作和复制，通过现代化的传播手段迅速传播和推广，运用现代经营管理理念和组织方式以及市场交易实现自身价值，并获得经济效益和社会效益。

2. 产业文化化

21世纪的竞争不仅是经济竞争、军事竞争，更是文化竞争。产业文化化就是在现代产业发展中，文化要素融入产业的方方面面，并起着越来越举足轻重的作用。产业发展应高度重视知识含量[91]。从产品知识含量因素来看，知识含量可分为文化含量和科技含量，并且文化含量和科技含量并重。文化在产业发展中的作用主要表现在，以文化为底蕴的观念价值决定商品的市场价值，文化决定产品的辐射能力和覆盖范围，文化打造品牌亲和力等。文化是产品附加值的重要来源。文化附加在产业发展中，是企业提升竞争力考虑的第一要素。目前，市场竞争已从产品之争转向文化之争，或者说市场竞争越来越依托于产品和服务中的文化含量。在工业发达国家，文化因素已经大量进入产业领域，使产业结构发生了根本性变化。中国产业发展要形成竞争优势，应该打文化牌，认真发掘、利用中国丰富的历史文化资源和当代思想、实践资源，从弘扬传统文化、营造人文氛围入手，进一步扩大产业的开放领域，引进新的文化式样，激活产业创新能力，全面提升产业规模与质量，从而提高产业的文化附加值。

三、文化产业与文化事业

文化产业和文化事业是相对应的概念，二者长期以来在很多场合和领域混合使用，人们没能准确地认识到二者在很多方面存在着显著差异。随着社会生产力的进一步解放和市场经济体制的逐步完善，伴随着快速发展的高新科技和不断进步的现代生产方式，文化产业日益融入大众视野并逐渐成为一种新兴产业。文化产业和文化事业是我国文化发展的"两翼"。

一般来说，文化产业是由市场来主导的，是经营性的，主要利用市场来配置资源，推动文化企业发展壮大，调动更多非公益性资源和民营资本激活文化市场，以丰富的文化产品和服务满足人们多元化的精神需求；文化事业是由政府主导，具有公益性质，通过提供无差别的公共文化产品和服务而满足人们的文化需求。文化产业是文化产品的市场化，可以增强文化发展的生机和活力，激发社会开办公益事业的积极性，加快文化消费步伐，满足人们日益增长的文化消费需求。文化事业的特征主要体现在三个方面：一是社会公益性。绝大部分公益性文化事业如图书馆、博物馆、文化馆、美术馆和科技馆等都是国家投资兴建和拨付日常经费进行管理的，理所应当归社会全体公民所有。二是社会共享性。公益性文化事业为社会公有并且共享。三是社会公用性。主要是为最大限度地满足不同层次的人民群众日益增长的精神文化需求，更好地服务于社会主义精神文明建设，大力发展群众文化事业。在国家政治、经济和文化政策的制定与实施方面，文化事业起着重要的文化服务引导作用。文化产业的发展对文化事业的建设具有基础性的补充作用，两者相互区别又紧密联系，都是文化建设的重要内容和实现形式。从资本来源上看，文化产业的资本来源呈现多元化，广泛吸收民营资本进入经营领域；而文化事业的生产资本由国家或社会统一集中提供。从管理体制来看，文化产业实行的是经营性企业管理体制；而文化事业通常实行的是公益性管理体制。从调控方式来看，对文化产业，政府主要通过税收政策、法律制度和价格杠杆来进行间接调控并进行合理引导；而对文化事业，政府则偏重以直接调控为主。

四、文化产业与创意产业

1. 创意产业

"创意产业"这一概念最早是由英国人提出来的。20世纪末，英国政府提出把创意产业作为英国振兴经济的聚焦点，专门成立了"创意产业特别工作小组"，将创意产业提升到国家战略发展高度，首次明确地提出了"创意工业"(Creative Industries)这个概念，主要指那些充分运用个人的天资、技艺、智慧，在保护知识产权的前提下通过循环开发，进而创造就业机会和潜在财富的艺术思维活动。"创意产业之父"约翰·霍金斯根据"有想法的人，特别是有自己想法的人，在很多情况下比操纵机器的人更有力量"的基本判断，对创意产业做出较为宽泛的定义。他认为，构成创意产业和创意经济的主要内容包括艺术设计、专利申请、商标营销和版权保护。任何一种文化创意活动，都是在一定的知识背景下，依靠人的灵感和创新，借助现代科技，提升传统文化要素的内涵和品质，而不是对传统文化的简单复制、加工和移植。

2. 文化产业与创意产业区别

在国家层面，我国对文化产业和创意产业这两个概念有着明确的区分。在《国家"十二五"时期文化改革发展规划纲要》《"十二五"时期文化产业倍增计划》以及党的十七大、十八大报告中涉及文化产业内容时，普遍使用"文化产业"这一概念。文化产业和创意产业主要区别在于"创意"二字，文化产业并不是创意产业，创意只是发展文化产业的重要途径和手段，而所有的文化产业都只是围绕创意来展开活动的。

创意产业区别于文化产业的最大特征主要在于它高度集聚了创意元素、文化因子和科技力量，三者相互作用并深度融合，形成了高智慧、高文化的新型产业集群。在联合国教科文组织的定义中，知识产权、文化产品及服务被认为是创意产业的核心内容。在国内，北京最早认定了文化创意产业的分类标准，侧重从文化产业价值链的角度重新定义了创意产业，即以创新为根本要素和途径，凸显文化内核和创意价值，主要体现为以知识产权实现或消费为交易特征的行业集群特征。而相对于文化产业，具有信息密集性和高知识性特征的创意产业是高智慧和创意的结晶，始终处于价值链的高端。任何一种创意活动都必须在一定的知识支撑下，利用人文积淀，通过重塑传统产业结构来完成创意和价值实现。如当今的3D电影、3D打印和高清数字电视等高科技文化产品都是通过数字新技术完成的。由于创意产业处于文化产业价值链的高端环节。因此，它的创新思维凝结在文化产品及服务中，通过价值传导进而实现它的附加值增加，完成跨行业、跨领域的重组与合作，进而推动文化产业实现深度发展。

3. 文化产业与创意产业联系

创意产业与文化产业关联性极强。文化中有创意，创意中有文化。无论是在学术研究领域还是在政府制定实施决策方面，对"创意产业"一直存有较大分歧，特别是一谈到文化必然提及文化产业，这一对平行的概念具有高度的相似性，但也有显著的差异性。有时

27

创意产业与文化产业之间有明确的区分，有时二者之间又可以互换使用。在我国提出建设创新型国家的形势下，虽然强调创意产业具有一定的积极意义，在知识创新、产业升级和效益倍增等方面有着巨大的增量空间，但由于当前我国文化产业发展的条件限制，且与我国文化产业发展的目标、侧重点等方面有所不同，与我国倡导的自主创新也不完全一致。盲目照搬英国等国的创意产业发展模式既不符合中国国情，又不利于政府对文化产业的管理和文化产业自身的发展。因此，在理论和实践上，我们要加强对文化产业与创意产业的研究，要明晰二者的产业边界，廓清我们对它们认识上的误区。

第二节 文化产业投资相关理论

一、投资概念及特性

资本和劳动力是整个社会经济体系中最重要的资源，而投资活动决定了资本流量和流向，以及劳动力的配置方式和组合量。投资是单位资本形成的重要途径和产业发展的根本动力。投资活动是社会经济得以持续运转和延续的基础，并最终决定资本形成的质量、数量和运动方式及其存在状态。研究投资活动和资本流动过程，能够为产业经济活动提供良好的理论研究视角。

1. 投资概念层次性

国家、企业和个体(家庭或个人)是整个经济活动的主体。从投资主体的构成来看，投资是有层次性的。第一个层面是宏观投资者及其行为，主要指国家及其投资行为。宏观投资行为在短期内是一种需求行为。但从长期来看，宏观投资又是一种供给行为。相对于企业和个体(家庭或个人)投资特性而言，宏观层面的投资本身具有复杂性，需要用动态思维去看待，静止的观点不利于全面理解宏观投资的影响效果。第二个层面是企业投资者及其组成的产业行业投资。这是中观层面的投资，其投资性质可以理解为在动态的经济环境中，实现收益最大化的经济行为。第三个层面是个体投资者，即经济的微观主体。投资者通过投资使自己的财富保值或增值，从而使自己的资金安排不受影响，使自己的消费效用得到提高。个体投资者需要在一定的收入约束前提下，在消费和储蓄，或者扩大再生产之间做出明确的选择。

2. 投资概念演进性

投资概念的演进性指投资活动本身随经济活动的发展和演进，而不断地加以丰富内涵。投资概念的演进性表现为投资活动从原来单纯的实物（产业）资本投资逐渐过渡到虚拟资本投资，而后一种活动在整个投资研究中逐渐占主导地位。实物资本（产业）投资是人类历史上最早的投资。亚当·斯密在《国富论》中最早、最完整地描述了这种投资行为产生的原因、内容和决定因素[92]。很多理论著作对投资的定义是从实物资本角度去下的。《新帕尔格雷夫经济学大辞典》认为，"投资就是资本形成及获得或创造用于生产的资源。资本主义经济非常注重有形资本，如建筑、设备和存货方面的企业投资。政府、非营利公共团体、家庭也进行投资，但它们投资不仅包括有形投资，还包括人力资本和物质资本的获得等。原则上，投资还应包括土地改良或自然资源开发，而生产的度量除包括生产出来用于出售的商品和劳务外，还应包括非市场性产出"[93]。与实物资本投资相对应的是虚拟资本投资。从金融发展角度来看，虚拟经济的发展可分为5个阶段。第一阶段是闲置货币的资本化，即人们手中的闲置货币变成了可以产生利息的资本。第二阶段是生息资本的社会化，即由银行作为中介机构将人们手中闲置的货币借入，再转贷出去生息。人们还可用手中的闲置货币购买各种有价证券来生息，此时人们手中的存款凭证和有价证券也就成了虚拟资本。第三阶段是有价证券的市场化，即有价证券可根据预期收益自由买卖，从而产生进行虚拟资本交易的金融市场（如股票市场、债券市场等）[94]。第四阶段是金融市场的国际化，即虚拟资本可以跨国进行交易。第五阶段是国际金融的集成化，即各国国内的金融市场与国际金融市场之间的联系更加紧密，相互影响，日益增大。从经济活动发展角度来看，虚拟资本投资的规模不仅大大超过了实物投资，并对实物资本投资会产生巨大的影响。《从资本家手中拯救资本主义》分析了在斯里兰卡和美国不同的金融生态环境下，不同的虚拟经济发展水平对不同国家的经济投资活动能力的制约或促进作用[95]。投资概念的演进性充分反映了投资活动本身内涵的变化。

29

二、产业投资理论及拓展

1. 产业投资：概念与辐辏

"产业投资"从概念角度来看，要反映投资活动本身，要体现投资的制度环境，要反映产业经营活动。不论在计划经济、市场经济还是转轨经济时期，宏观政策在产业发展中都起着重要作用。由于自身建立了一套完整的市场经济制度，市场经济发达国家更要强调市场的自发调节作用。但是转轨经济向市场化迈进的过程中，不可能让市场自由放任。根据产业投资的定义，首先，产业投资强调产业投资活动的目的。宏观产业投资主体和微观产业组织投资主体在投资目的上是不同的。宏观投资主体追求的是经济的平稳性、产业结构的合理性、产业结构的优化等，而微观投资主体追求的是投资收益。所以在概念上要将其定义为"经济预期效果"。其次，强调产业投资活动中资本流量和存量的调整问题。投资的存量和流量是深入考察投资活动的最重要的理论和实践内容。忽视了对流量和存量的考察就无法反映投资活动本身。最后，强调投资的制度环境。产业投资的制度环境决定了产业投资的运行方式、资金来源、资金流向和收益分配等。

2. 产业投资制度性质博弈研究

从产业投资包含的内容来看，产业投资是在特定经济体制下资源配置的制度安排。这种制度不仅包括法律、条例、规则等正式的制度，而且包括无约束的习俗、惯例、传统等非正式的近似制度。

在策略型博弈中，基本的组成要素包括参与人或局中人集合、策略和支付函数。这里分别用字母 N、S 和 U 表示，进而可以构建一个策略型博弈模型，用 $G = \{ N, S, U \}$ 来表示。其中，$N = \{1, 2, \cdots, n\}$ 表示参与人集合，$S = \{S_1, S_2, \cdots, S_n\}$ 表示对应参与人的策略集合，而 $U = \{u_1, u_2, \cdots, u_n\}$ 表示对应参与人在某种策略下的收益或效用，u_n 表示 $u(S_n)$，$S_n \in S$。与策略型博弈的定义相对应，产业投资制度明显有上述基本特征。在从博弈角度对制度定义的分类中，产业投资制度有3类共同特征：一是产业投资制度的设计具有特定的组织机构。这表现为各个国家的经济计划部门。如中国的国家发改委、日本的通产省、各个公司的发展规划部门等。他们会根据经济的发展状况和趋势判断市场趋势、内外经济环境，并做出投资决策。二是产业投资制度的外生性。它取决于考察的角度。对于特定的阶段和特定的投资行动对象而言，它是外生给定的，这其中也包括作为投资制度制定者。三是产业投资制度是博弈均衡的结果。产业投资制度本身是一个讨价还价、博弈分析的结果。这种博弈与一般的参与者彼此之间博弈，然后计算自己的得益不同的是，政策制定者本身也是制度博弈的参与者。四是制度制定者内部的随机博弈构成了不同的产业投资制度。这主要表现为当产业投资制度制定者要参与投资时，其对经济活动的干预程度和对多个目标的博弈结构，决定了市场产业投资制度、计划产业投资制度和转轨产业制度三种常见的形态。

结合策略型博弈的定义和对产业投资制度的分析，须进一步分析产业投资制度博弈模型的要素构成。首先，看参与者 N 的构成。从一般制度经济学角度看，制度本身是对经济活动者行为的规范，而在此表现为对参与者行为的规范。从投资活动参与主体看，参与者 N 的构成可以分为三类：中央政府、地方政府和公司。如果分析或对比考察不同产业间情况，可以将同类型的公司合并，形成产业投资主体。在产业投资制度下，$N = \{G、L、C\}$，G 表示中央政府，L 表示地方政府，C 表示公司（个体投资列入 C 公司投资）。其次，是参与者 N 的策略集合 S。由于中央政府 G 既是政策制定者也是投资活动参与者，它的意图决定了地方政府 L 和公司 C 的部分行为，特别是 C 的行为。因此，可以将中央政府和地方政府的行为合为政府行为，表示为策略 $S_G = \{H, L\}$，其中 H 表示高的政府权威（Authority）策略，不考虑公司个体行为，包括激励机制、公司利益、职工利益等，L 则反之。$Sc = \{F, D\}$，分别表示 F 在政府权威下顺从政府，D 在政府权威下反抗，或采取机会主义行为，或遵循市场机制的投资策略。再次，是收益 U 的表示。U_G 表示政府在既作为政策的制定者和政策参与者下的收益，Uc 表示公司作为博弈参与者的收益。政府的收益有两种取向：一方面，是政府本身的权威；另一方面，是考虑产业投资制度的经济绩效。公司收益也包括两种收益：一方面，是完全顺从的收益；另一方面，是机会主义下的收益。显然两个参与者的收益存在某种意义上的冲突，即存在此消彼涨的关系。同时，参与者本身的不同选择也会导致自己收益的差异。因为政府是制度的制定者，所以政府作为产业投资制度博弈形成的参与者比微观企业有更大的主动权。这就需要政府在自我抑制和追求经济效率之间做出选择，而公司需要在遵循政府意志和个体利益之间进行选择。

与静态博弈不同的是，演进博弈关注的重点不是博弈产业投资制度的初始状态，而是初始状态下的产业投资制度演进。也就是说政府作为产业投资制度的制定者在制定制度时，并非完全为自己利益来制定制度，而是要在不同的博弈制度之间进行选择，进而确定经济效率最佳的产业投资制度。因此，产业投资制度也是一种在博弈框架下演绎的结果。下面在演进博弈框架下分析现有的产业投资制度。

　　演进博弈分析与非合作博弈分析的基本目的是一致的，就是寻找交互经济关系稳定时的均衡解。从演进博弈分析的对象看，它的分析可以在单一群体内进行，也可以在两个或两个以上的群体内进行，一般是在单一群体或两个群体内分析。根据演进博弈的一般分析框架，相对于产业投资制度模型，由于两个产业投资主体，对应着两个博弈群，所以博弈模型是两维空间，$K = \{ G = $ 政府，$C = $ 公司$\}$。同时，根据上节假设，设定两个博弈参与者的策略$\{N_G，N_C\}$，状态空间是$S_G = S_C = [0，1]$，参与者的整体状态空间为$S = S_G \times S_C$，是$[0，1]$的两维空间。每个群体内部的个体采取某种策略，除了受群体间影响外，还受群体内部影响。为了简化分析，在此不考虑群体内部影响，只分析群体间，也就是政府与企业间的交互关系，不分析政府内部或企业内部的相互影响效果。在前面定义的框架内，有一般的转轨经济前的支付矩阵（图2.1）。

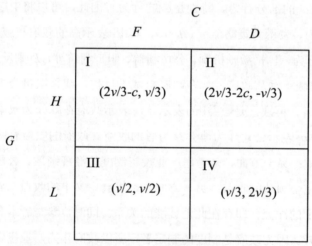

图 2.1　转轨前支付矩阵图

其中，v 表示收益，c 表示遵循成本。在I区域内，因为倾向于政府权威，所以政府收入为$2v/3$。由于企业机会主义行为存在，政府需要付出成本c。在II区域内，因为企业不追随，所以政府要付更大的成本（$2c$）。企业收益由于受政府权威惩罚，变为$-v/3$。在III区域内，政府和公司都采取弱化策略，分别得到的收益一半。在Ⅳ区域内，由于倾向于公司，所以政府占收益的$v/3$，公司占收益的$2v/3$。这些是简化的设定形式，只代表一般意义上的产业投资制度框架。进一步从演进博弈角度看，设p为倾向采取政府权威产业投资在政府中的比例，q为采取抵制行为企业的比例，显然$0<p$，$q<1$。

根据演进博弈的基本概念种群中使用某个策略的个体在种群中所占比例的增长率等于该策略的相对适应度，只要一个策略的适应度比群体的平均适应度高，该策略就会发展。因此，设u_G^H为政府选择高权威产业投资的适应度，其现实意义为表示采取政府权威产业投资政策的政府收益，u_G^L表示政府选择市场倾向的投资适应度，其现实意义为采取市场倾向的政府收益，$\overline{u}_G$表示政府的平均收益。有一般意义下的政府G的复制者动态，政府选择高权威产业投资种群的增长率为

$$\dot{p}/p=[u_G^H-\overline{u}_G]。$$

其中

$$\dot{p}=\mathrm{d}p/\mathrm{d}t；\qquad u_G^H=q(2v/3-2c)+(1-q)(2v/3-c)。$$

由于

$$u_G^L=qv/3+(1-q)v/2，$$

所以

$$\overline{u}_G=p[q(2v/3-2c)+(1-q)(2v/3-c)]+(1-p)[qv/3+(1-q)v/2]，$$

进一步有

$$\dot{p}=p(1-p)[(\frac{7v}{6}-c)-q(v+c)]。$$

由于$0<p<1$，如果

$$(\frac{7v}{6}-c)-q(v+c)<0，$$

即

$$q>(\frac{7v}{6}-c)/(v+c)，\dot{p}<0。$$

要强调相对应的是，倾向采取政府权威产业投资的比例在政府中下降，等价于在转轨经济中，政府投资比重的下降是有条件的，即公司采取自主决策投资的比例要大于

$(\dfrac{7v}{6}-c)/(v+c)$。进一步可以考察收益 v 和成本 c 的关系，显然

$$(\dfrac{7v}{6}-c)/(v+c)<1,$$

否则约束没意义，因为 $q<1$。同时由于 v，$c>0$，所以有 $c>v/12$。即倾向政府权威产业投资在政府中所占比重下降的条件是运行成本 $c>v/12$，否则整个制度不会向企业自主投资演进。尽管分析是在给定的支付矩阵框架下进行的，但具有一般意义的是，在转轨产业经济中，政府权威投资比重的下降是有条件的。上面的分析是，当运行成本达到收益的1/12时，整个博弈框架就会有向政府投资下降方向演进。同时对运行成本的分析也可以进一步具体化，可以看做国有企业的亏损情况，当国有企业的亏损总额达到一定的规模时，反映政府权威投资的产业投资制度会向逐步降低政府投资的方向演进。

与政府的复制者动态相对应的是公司 C 的复制者动态为，设 u_C^D 为企业选择反抗或者采取机会主义行为的适应度函数，其现实意义为企业采取反抗或者采取机会主义行为的收益。同理 u_C^F 为企业采取顺从的收益，$\bar{u}_C$ 为平均适应度函数，则

$$\dot{q}/q=(u_C^D-\bar{u}_C)。$$

其中

$$u_C^D=-pv/3+2(1-p)v/3；\qquad u_C^F=pv/3+(1-p)v/2。$$

所以

$$\bar{u}_C=q[-pv/3+2(1-p)v/3]+(1-q)[pv/3+(1-p)v/2]，$$

进一步有

$$\dot{q}=vq(1-q)(1/6-5p/6)。$$

由于，$0<p$，$q<1$，显然，q 的符号取决于 v 和 p。由于收益为正，所以可以推断出 q 的符号取决于 p，当 $p<1/5$ 时，$q>0$，即在上述博弈模型中，如果政府在倾向政府权威投资的比例小于1/5，那么在演进博弈中，公司中采取自主决策的比例将会逐步上升。必须再次提醒的是，上述博弈模型是在一般意义下进行的，假设的转轨经济中的初始状态，它具有转轨经济的一般特征，博弈矩阵的系数是可以变化的，只要它与转轨经济的收益状况相符合就可以满足理论上分析的目的。根据上面的分析，有转轨经济中的产业投资博弈复制者动态相图，用来描述转轨经济产业投资制度的最终演进方向见图2.2。重复者动态有两个稳定点，即 $(p=0，q=1)$ 和 $(p=1，q=0)$。从演进经济本身来说，这两个点都

是进化均衡点(Evolutionary Equilibrium，EE)，也是进化稳定策略(Evolutionary Stable Strategy，ESS)。即在转轨经济产业投资制度的演进中，存在有全变为政府权威投资和全部企业自由投资的两个演进方向，而这取决于状态变量。这给转轨经济带来更多的政策启示，也就是如果要想使经济由Ⅰ象限内均衡的计划经济向Ⅳ象限均衡的市场经济转化，并不是一般的市场化就可以的，而是取决于在进行市场化过程中，p 和 q 在各自群中所占的比例，以及收益 v 和成本 c 的情况。在建立的模型中，如果初始 $p<1/5$，也就是政府中倾向政府权威投资比例较低，那么转轨经济就向企业自主决策方向演进。如果初始状态大于 1/5，政府原则上采取市场自主投资政策，这种产业投资制度仍然可能向更加反映政府权威投资的方向演进，也即政府在整个产业投资中比例上升。更为具体地说，有可能出现国有企业规模逐渐扩大的趋势，这种现象在中国当前的经济中，特别是在德隆事件上有所体现，似乎也从某种侧面印证了演进博弈模型分析的某些结论。所以转轨经济在向市场化过渡的过程中，相对于投资制度安排而言，转轨政府采取放任的投资策略往往并不能导致投资制度安排向市场化投资安排顺利演进，因为这种自然演进还取决于转轨经济的初始状态。如果在转轨经济中，政府太过强势，向市场化的投资制度安排也不能自动实现。因此，在转轨经济中，政府在制定市场化的产业投资安排中，需要考虑转轨经济的初始状态，也

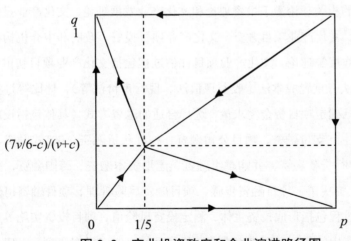

图2.2 产业投资政府和企业演进路径图

就是要特别注意惯性对转轨经济的影响。

按照演进博弈理论，结合国情来看，自改革开放以来，中国产业投资制度变迁总体趋势是逐步向市场化过渡，政府从事具体的产业投资活动逐渐减少，即政府投资权威逐渐减少，而政府主要是通过执行产业投资监管制度来规范国家的整体产业投资行为。与此相对应的是，企业投资权威得到加强，企业正逐渐成为真正意义上的产业投资决策主体。但从政府执行产业投资监管制度的过程和结果来看，我们还很容易看到不少政府决策权威的影子，例如设立资本金制度，尽管出发点是好的，但有些产业投资项目，如高新技术项目，本身缺乏资金，具有很好的发展前景，却去设立资本金门槛，仍然存在制度的适应性问题。另外就是如何真正实施投资项目的核准制度问题。由于仍然存在政府核准项目目录的制定问题，如何保证此目录设定的科学性，过宽或过窄都可能成为弊端。当然，要建立"市场引导投资、企业自主决策、银行独立审贷、融资方式多样、中介服务规范、宏观调控有效"的新型社会主义市场经济产业投资机制是一个循序渐进的过程，产业投资制度仍然处在转轨和完善之中。

三、文化产业投资概念的性质和扩展

1. 文化产业投资理论渊源及内容

文化产业投资的相关理论源于投资理论和文化产业发展理论。文化产业投资理论包括文化产业项目评估、文化产业项目融资、文化产业项目投资、政府和中介机构在文化产业项目投资中所起的作用等理论。文化产业项目评估过程包括文化产业项目初审、调查、评估、评价（具体方法有重置成本法、收益现值法、现行市价法等）、评比等过程。文化产业项目融资过程包括确定项目资金需求量、选择合适的融资方式（具体包括设施使用协议融资、直接融资、生产支付融资、项目公司融资、杠杆租赁融资、BOT式融资、TOT式融资、ABS式融资、银行贷款融资、并购重组融资、无形资本融资、跨国融资、投资基金融资等方式）、项目融资决策、项目融资步骤、项目融资风险管理、项目融资担保等过程。文化产业项目投资过程包括形成投资主体、测定投资风险值、项目投资实施等过程。政府在文化产业项目投资中的作用主要表现在营造投资环境、制定投资政策、组建文化产业创业投资基金和风险基金、成立文化产业风险投资公司和建立文化产业创业中心或"孵化器"

等。文化产业投资理论还包括律师事务所、会计师事务所、保险机构、投资银行、金融中介机构等中介机构的作用。总之，文化产业投资理论是一个系统理论。

2009年，国务院讨论并原则通过的《文化产业振兴规划》（以下简称《规划》）。《规划》分为"加快文化产业振兴的重要性、紧迫性"、"指导思想、基本原则和规划目标"、"重点任务"、"政策措施"和"保障条件"等5个部分。在"降低准入门槛"中，《规定》要求，"落实国家关于非公有资本、外资进入文化产业的有关规定"。根据文化产业不同类别，通过独资、合资、合作等多种途径，积极吸收社会资本和外资进入政策允许的文化产业领域，参与国有文化企业的股份制改造，形成以公有制为主体、多种所有制共同发展的文化产业格局。与此同时，政府要加大投入。《规定》要求，中央和地方各级政府要加大对文化产业的投入，通过贷款贴息、项目补贴、补充资本金等方式，支持国家级文化产业基地建设，支持文化产业重点项目及跨区域整合，支持国有控股文化企业股份制改造，支持文化领域新产品、新技术研发。支持大宗文化产品和服务出口。大幅增加中央财政"扶持文化产业发展专项资金"和文化体制改革专项资金规模，不断加大对文化产业发展和文化体制改革的支持力度。在金融支持层面，《规定》要求，鼓励银行等金融机构加大对文化企业的金融支持力度。积极鼓励担保和再担保机构大力开发支持文化产业发展、文化企业"走出去"的贷款担保业务品种。支持有条件的文化企业进入主板、创业板上市融资，鼓励已上市文化企业通过公开增发、定向增发等再融资方式进行并购和重组，迅速做大做强。支持符合条件的文化企业发行企业债券等。在这些"市场化"为主体的政策中，最为创新的是"中国文化产业投资基金"的设立方式。《规定》按照有关管理办法，由中央财政注资引导，吸收国有骨干文化企业、大型国有企业和金融机构认购。基金由专门机构进行管理，实行市场化运作，通过股权投资等方式，推动资源重组和结构调整，促进国家文化发展战略目标的实现。

2. 文化产业项目投资风险值测定

文化产业项目投资风险管理是一个很复杂的系统，将这些不同的错综复杂的因素简化为一个数值绝不是一件简单的事，并且找出来的相关数值也不一定能够真正反映文化产业项目投资存在的风险大小[96]。但在更多假设下，文化产业项目投资的风险管理是可以量化的。在许多案例中，最成功的风险量化模型是风险值(Value at Risk, VaR)模型。风险值主要针对的是投资风险。

①**分布函数**。假设有一随机变量X，因为X是随机的，不能预知X的结果，只能对X的概率分布做一些假设。例如，可能有兴趣知道$P(X \leq 0)$的大小。要知道后者，有赖于X的分布函数$F_x(x)$的资料。

定义1　$F_x(x)$是X的分布函数。若对任意实数x，$P(X \leq x) = F_x(x)$，所以$0 \leq F_x(x) \leq 1$，而且$F_x(x)$是不会减少的。再者，$P(a \leq X \leq b) = F_x(b) - F_x(a)$。简而言之，$F_x(x)$代表了$X \leq x$的累积概率，因此也可看成一个积分。而$F_x(x)$的导数则被定义为$f_x(x)$。

定义2　函数$f_x(x) = \mathrm{d}F_x(x)/\mathrm{d}x$，当存在时，为$X$的密度函数。从这两个定义得知：

（ⅰ）　$F(x) = \int_x^\infty f_x(t)\,\mathrm{d}t$；

（ⅱ）　$P(a \leq x \leq b) = \int_a^b f_x(t)\,\mathrm{d}t$；

（ⅲ）　$P(X > a) = 1 - F_x(a)$。

②**正态分布**。由前面可知，当知道$F_x(x)$时，有关概率便可计算。统计学家已利用不同的$F_x(x)$去代表不同的情况，其中一个最重要的例子则为正态分布（Normal Distribution）。

定义3　X有正态分布，$X \sim N(\mu，\sigma^2)$。假如

$$P(X \leq x) = \int_{-\infty}^x \frac{1}{\sqrt{2\pi}\sigma} \mathrm{e}^{-\frac{1}{2\sigma^2}(t-\mu)^2}\,dt，$$

当$X \sim N(\mu，\sigma^2)$时，它的密度函数便为

$$f_x(x) = \frac{1}{\sqrt{2\pi}\sigma} \mathrm{e}^{-\frac{1}{2\sigma^2}(x-\mu)^2}，$$

即

$$F_x(x) = \int_{-\infty}^x f_x(t)\mathrm{d}t。$$

定义4　当$\mu = 0$和$\sigma^2 = 1$时，称X为标准正态分布，$X \sim N(0，1)$，而$F_x(x)$会写成$\phi(x)$或$N(x)$，$f_x(x)$则写成$\psi(x)$或$n(x)$。对于正态分布，当知道μ和σ^2时，所有概率都能计算出来。

例　假设已知汽车损失的数目是一个正态分布，而往年的经验显示$\mu = 400$，$\sigma^2 = 5625$。要估计今年汽车损失数目在425到475内为多少。

设Y为今年的汽车损失数目，那么$Y \sim N(400，5625)$。再假设今年与往年的情况相

若，要找出$P(425 \leq Y \leq 475)$。

显然$P(425 \leq Y \leq 475)$

$$P[\frac{425-400}{75} \leq \frac{Y-400}{75} \leq \frac{475-400}{75}]$$
$$= P(0.33 \leq Z \leq 1), Z \sim N(0,1)$$
$$= \Phi(1) - \Phi(0.33)$$
$$= 0.212_{\circ}$$

最后要提及的是定义$E(X) = \mu$，$E(X - \mu)^2 =$VaR $X = \sigma^2$。前者称为期望值，亦即大数定理的极限，后者称为方差。简单来说，μ可视为X的平均数，而σ^2则为X改变的程度。正因为X是随机函数，事前不能肯定X的结果，而这不确定性正好由σ^2的大小反映出来。当σ^2愈大时，愈不能确定X的结果。相反，当σ^2很小时，X能相当确定。亦正因为如此，可理解σ^2为风险的大小，σ^2愈大则风险愈高。

③分位数。

定义5 对分布函数$F(x)$及给定的$0<p<1$实数，数值$x_p = \inf\{x: F(x) \geq p\}$。称为$F$的$p$th quantile，或$p$th percentile。其中inf代表对所有实数x满足$F(x) \geq p$条件中最小的值。假设$F(x)$是一个严格单调上开函数，即$F(x) > F(y)$，当$x > y$，那么$x_p = F^{-1}(p)$，即$F(x_p) = p$，或$\int_{-\infty}^{x_p} f(x)\mathrm{d}x = p$。

特别地，当$p = 1/2$，$x_{0.5} = F^{-1}(1/2)$使得$F(x = 0.5) = 1/2$。所以$x_{0.5}$又被称为$F(x)$的中位数(Median)。即$P(X \leq x_{0.5}) = 1/2$，刚好有一半的X小于中位数$x_{0.5}$。同理，当$p = 1/4$，$x_{0.25}$称为$F(x)$的下分位数(Lower Quartile)，即$P(X \leq x_{0.25}) = 1/4$，而$x_{0.75}$称为$F(x)$的上分位数(Upper Quartile)，即$P(X \leq x_{0.75}) = 3/4$。

例 当$X \sim N(0, 1)$，即$F(x) = \phi(x)$，那么$x_{0.5} = \phi^{-1}(0.5)$，即$\phi(x_{0.5}) = 0.5$，所以$x_{0.5} = 0$。即$P(X \leq 0) = 1/2$。同理，$3/4 = \phi(x_{0.75}) = P(X \leq x_{0.75})$，由查表可知$x_{0.75} = 0.675$。而$x_{0.25}$可从$1/4 = \phi(x_{0.25}) = P(X \leq x_{0.25})$，所以$x_{0.25} = -0.675$。

④风险值。在以上统计知识的基础上来定义风险值(VaR)。要理解风险值，先要知道它的背景。对财务机构来说，它们最关心的风险为未来的损失。当然，这些损失都不能预知，用随机变量来表示，所以风险值可理解为对既定的一个投资组合，既定的概率p，

39

$0 < p < 1$，这组合于未来特定的时间1相应最大的损失。表面看来，这样的定义相当繁赘。但假如利用以上统计概念，不难理解其中真谛。

有一个既定的投资组合，假设现时为 t。关心的是这投资组合于1时段后的表现，例如10天后。设 $\Delta V(1)$ 为这投资组合从时间 t 到时间 $t + 1$ 资产总值的改变。那么 $\Delta V(1)$ 代表了投资组合于未来1时段内的资产改变，因改变是不可预知的，所以 $\Delta V(1)$ 是一个随机变量，假设它的分布函数为 $F_t(x)$。注意当 $\Delta V(1) > 0$ 时，资产总值增加，但当 $\Delta V(1) < 0$ 时，资产总值减少，亦即后者代表了损失。所以会比较关心 $\Delta V(1) < 0$ 时的情况。假设既定概率 $0 < p < 1$。

定义6　对既定时间1与概率 p，定义风险值VaR为数值使条件

$$P = P(\Delta V(1) \leqslant \text{Var})$$
$$= F_1(\text{Var})。$$

满足以上定义是对一个已定的长仓(Long Position)投资组合来说。因对长仓组合，即Buy and Hold，$\Delta V(1) < 0$ 代表损失。所以式中VaR 通常是一个负数，而 p 则为一个小的概率，如5%或1%。对于短仓的组合(Short Position)，$\Delta V(1) > 0$ 代表损失，那么相应的VaR改为

$$p = P(\Delta V(1) \geqslant \text{VaR})$$
$$= 1 - P(\Delta V(1) \leqslant \text{VaR})$$
$$= 1 - F_1(\text{Var})。$$

对于 p 充分小，VaR 通常是一个正的值，有别于长仓的情形。因为这只是概念上的区别，只对长仓定义VaR，读者可自行修改相关定义于短仓。

留意 $p = F_1(\text{VaR})$ 式中，假设 $F_1(x)$ 已知，那么VaR刚刚等于 x_p，即 F_1 的 pth quantile。因此，VaR的计算等于 x_p，的计算，在 F_1 已知的情况下不难得到。再者，要推算VaR，要拥有以下的资料：

(1)概率 p，通常为 $p = 0.01$ 或 $p = 0.05$，一个相对小的数值。

(2)时段1，通常为1天或10天。

(3)数据即 $\Delta V(1)$ 的频率，$\Delta V(1)$ 是代表每天资产总值的改变还是每个季度资产总值的改变。假如 $\Delta V(1)$ 频率跟1的时间不一致，要做出相应改变。一般来说都假设 $\Delta V(1)$ 的频率与1的时间一致。

(4)分布函数 $F_1(x)$ 或它的分位数。

(5)在时间1时，投资组合的总值。

例 假设美元兑日元每日汇价于2003年7月的标准差距为0.53%。假设投资组合为长仓1000万美元的美元——日元兑换合约。要计算95%，1天的VaR，怎样开始？

首先，要了解什么已知、什么未知。

(1)概率 p，既定100% ～95%，即 $p = 0.05$ 已知。

(2)时段1，1=1天，已知。

(3) $\Delta V(1)$ 的频率为每日一汇价，与1的频率一致。

(4) $\Delta V(1)$ 的分布函数 $F_1(x)$，没有给定。但一般应用都假设 $\Delta V(1)$ 为正态分布，也就是 $\Delta V(1) \sim N(\mu, \sigma^2)$。已知 $\sigma^2 = (0.53\%)^2$，在没有其它资料时，假设 $\mu = 0$。亦即 $\Delta V(1) \sim N[0, (0.53\%)^2]$。

(5)现时的资产总值为1000万。

具备以上资料后，便能算出1天的风险值如下

$$0.05 = P(\Delta V(1) \leqslant \text{Var})$$
$$= P\left[\frac{\Delta V(1) - \mu}{\sigma}\right] \leqslant \frac{Var - \mu}{\sigma}。$$

因为 $(\Delta V(1) - \mu)/\sigma \sim N(0, 1)$，所以 $(VaR - \mu)/\sigma = -1.65$，即 $VaR = -1.65\sigma + \mu$。从第4点中已知 $\mu = 0$ 和 $\sigma = 0.53\%$，所以 $VaR = -1.65 \times 0.0053$。但这VaR 是对于回报率 $\Delta V(1)$ 来计算的，要对 $\Delta V(1)$ 的面值来算，要把回报率的百分比还原为市值，亦即1天的风险值为

$$\$10000000 \times (-1.65) \times (0.0053) = -\$87450。$$

但因为是对于损失来计算风险值，所以常把负号除掉，仅称$87450为对于长仓1000万概率为95%，1天的风险值。亦即

$$0.05 = P(\Delta V(1) \leqslant -87450)。$$

换句话说，投资组合有95%的机会于1天内的最大损失为$87450，这就是风险值。同理，30天的风险值则为

$$\$10000000 \times (\sqrt{30} \times 1.65 \times 0.0053) \approxeq \$480000。$$

41

即有95%的机会于1个月内的最大损失约为$480000。

从以上案例，我们不难看出，风险值是一个方便测定的数值。管理人员可每天看看投资组合风险值的大小，就可以决定是否要重新调配投资，藉此降低风险[97]。

3. 文化产业投资特点

投资就是向某一经营领域投入可用于增值目的的经济量，作为投资主体追求资本增值的经济行为。投资风险和回报效率是投资运行的起点和归宿[98]。但是文化产业投资的风险和回报，与食品工业、军火工业、金融业和机械制造业等一般产业的风险和回报，又有同有异。文化产业投资区别于向文化领域的非营利性投入，也区别于一般性的商业投资，有4个基本特点。

①**文化产业投资回报是一条延伸的链条**。文化产业投资投入的是资本和其它经济量，产出的是以文化价值为主的产品和服务(如报纸、书籍和表演等)。文化产业投资的回报往往不是通过产品和服务一次性的市场销售来实现的，而是在长长的产业链条上，通过分段转让和销售，逐步获得回报的。文化产品和服务所附含的文化价值可反复使用，从而使文化产业投资形成延伸的回报链条。文化产业投资者可以集中资本做文化产品和服务的上游开发，特别是打造原创性内容，也可以投资产业链的中下游，做文化内容的再开发和文化产品的再加工、再销售。

②**文化产业投资回报可通过多种形式实现**。文化产品和服务的价值可以被附加在许多商品和服务上，通过向人们提供独特的体验及感受，间接地实现市场回报。随着社会生产力的发展，人们所消费的经济价值发生了巨大变化。从消费角度来看，人类已经经历了物品(未加工的物质)消费、商品消费、服务消费和"体验消费"（特指知识经济时代的消费形式）4大阶段。美国学者约瑟夫·派恩和詹姆斯·吉尔说过，体验消费是一种创造难忘经历的活动，它注重感性经验。从投资来说，它也是一种经济价值量，可以通过市场交易来获得。"娱乐经济"、"休闲经济"是"体验经济"最直接的实现形式[99]。"体验消费"的基础和载体仍然是传统的商品和服务，但这些商品和服务已经加入了娱乐和审美因素。文化产业投资的回报具有间接延伸性，可以通过多种形式体现出来。特别是文化价值可以被附加在许多商品和服务上，通过向人们提供独特的体验及感受，间接地实现价值回报。

③**文化产业资本的多样化和组合化**。全球文化产业投资的大趋势是不断加大非公有资

本的比重，用货币资本与其它资本（包括智力资本、技术资本、信息资本等）结合，并把全球的资源富集地区和市场空间结合起来，形成富有竞争力的优质资本结构。政府对文化产业的投资实质上是对企业研究与发展投资的一种补充。而大量的应用及开发研究工作，应由国有文化单位和非公有制文化单位自己去承担，并形成比较合理的投资结构。资本等于无形资产和有形资产的总和。在资本结构中，无形资产所占比重应超过有形资产所占比重。无形资产所占比重越大，资本增值幅度就越大。在无形资产中，创意、知识、品牌、管理、科技等组合得越好，对资本增值的贡献率就越大[100]。这正是文化产业投资结构优化的奥妙。

④**全球化与本土化的矛盾**。在经济全球化的大背景下，以跨国公司为代表的文化产业投资者必然在全球范围内寻求投资对象。当代文化产业投资的大趋势是在全球化的过程中使人才、项目和经营实现本土化，并利用本土色彩的文化资源，通过本土化的渗透不断加快全球化的扩张，在全球文化市场上实现更大的竞争优势。美国文化产业在全球的有效扩张，最重要的是将全球化的网络和本土化的渗透有机结合起来，形成跨国资本控制下的本土化频道、专栏、节目源和子公司，并用这些本土化节目的调配，来加强对全球文化市场的控制[101]。维亚康姆公司在国际媒体包括电影、电视、出版和娱乐等大部分领域占有重要地位。维亚康姆公司体现了一种典型的美国投资方式，即"压强原则"和"主流化原则"。在成功关键因素和选定的战略生长点上，以超过主要竞争对手的强度配置资源，实现重点突破。而一旦赢得战略突破，便最大限度地扩张市场。维亚康姆公司努力使自己的产品和服务，与世界各国和各地区的文化传统相融合，且尽量不和地方政府和本土意识形态发生冲突，让不同文化背景的人都能接受[102]。其它世界大型文化企业的做法也大致如此。世界五大娱乐媒体集团2012年度营业收入情况请见表2.1。

资本总是向回报率高的地方流动。世界文化产业十大被投资国(美国、加拿大、法国、德国、意大利、荷兰、瑞典、英国、澳大利亚和日本)的文化国际贸易和文化国际直接投资越来越表现出区域集中化趋势，即每个投资国和地区的对外文化投资和文化贸易都流向本地区、相近地区或与之有密切经贸联系的地区。目前，美国是国际文化直接投资包括文化产业投资进入最密集的区域之一[103]。同时，国际性文化产业投资具有双向流动特点[104]。从表2.2看出，美国不但在国内吸引了很多国际文化产业投资，还在国外做了大量的文化产业投资。不但把加拿大、英国等与美国有经贸传统、地缘关系和文化联系非常密切的国家纳入自己的投资范围，而且把日本等国也纳入了投资范围，进而增强了文化产业发展活力[105]。

表 2.1　世界五大娱乐媒体集团 2012 年度营业收入表[①]

机构名称	电影制作	无线电视和有线电视	互联网	出版	主题公园	音乐	总收入	娱乐与媒体占总收入比例
维旺迪	33	36	1	32	4	59	460	48%
时代·华纳	88	146	11	48	–	43	440	100%
维亚康姆	25	128	2	6	4	–	260	100%
新闻集团	40	53	–	49	–	–	150	100%
迪斯尼	67	100	–	–	72	–	270	100%

表 2.2　全球十大投资国按东道国地区划分的国际文化直接投资密度比表[②]

地 区	北 美	拉 美	欧 洲	非 洲	东 亚	西 亚
加拿大	2.23	0.80	0.49	0.13	0.53	0.14
美 国	1.99	1.15	0.88	0.53	0.84	0.94
欧 洲	0.97	0.53	1.30	1.13	0.55	0.80
法 国	1.00	0.23	1.56	0.33	0.14	2.55
德 国	0.82	0.52	1.55	1.00	0.38	0.16
意大利	0.33	1.04	1.76	0.66	0.26	4.11
荷 兰	0.86	0.54	1.42	0.54	0.48	0.00
英 国	1.32	0.56	0.79	2.11	1.01	0.31
澳大利亚	1.70	0.68	0.93	0.17	3.06	0.00
日 本	1.34	1.13	0.46	1.20	1.94	1.23

4. 文化产业投资与其它产业投资相比具有独特性

文化产业在"十二五"规划纲要和《关于支持文化产业振兴的指导意见》中获得了新

[①]资料来源于《财富》杂志 2013 年第 2 期。

[②]资料来源于《财富》杂志 2013 年第 2 期。密度比等于东道国地区在特定投资国对外投资存量除以东道国地区在世界国际直接投资存量。

的推动力，文化创意产业已经登上了国家战略性产业位置。中国文化产业投融资体现以下5大特点：

①**有意识形态属性、政治属性，并涉及国家文化安全**。文化商品和服务是一种特殊的商品和服务，其意识形态属性、政治属性，并涉及国家文化安全的特点决定了文化产业投资与其它产业投资有不同的准入门槛和管理方式。文化产业投资的目的首先是为了社会效益，其次才是为了经济效益。首先是为了宣传某种阶级意志，具有意识形态属性，为执政党的上层建筑服务，具有政治属性，为一个国家和民族的文化安全服务，具有维护国家文化安全的目的等。

②**有区别于其它产业投资的社会功能**。其它产业投资没有明显的社会功能，而文化产业投资有明显的社会功能。具体表现在：一是文化功能。文化商品或服务的精神价值高于物质价值，它们本质上是文化资本的生产、流通和享用。文化产业的首要功能在于传播文化，主要表现为通过文化资本的产业传承，实现文化的社会功能。二是经济功能。文化产业是集文化性、技术性、商业性于一身的产业，它的价值取向是确保社会效益的前提下去追求经济效益和资本利润。三是美学功能。文化产品和服务的目的是给人精神上得以享受和愉悦，故文化产业投资有区别于一般产业投资的美学功能。

③**文化企业上市已经成为业界关注的焦点**。无论是游戏、动漫、出版、印刷、网络，还是旅游、创意园区、演艺、影视和新媒体等文化产业，都频频受到风险投资和私募股权投资的热捧。仅从2010年下半年到2011年年初，就先后有皖新传媒、奥飞动漫、华谊兄弟、东方财富、蓝色光标等16家文化企业上市，十余家出版集团正加紧筹备上市，越来越多的文化产业正借道资本市场进行扩张。

④**文化基金已经成为推动文化产业发展的重要力量**。从第一个募资超过50亿人民币并专注于文化投资的"华人文化产业投资基金"成立以来，国内已募集的文化基金超过400亿元人民币，一个覆盖全国的文化金融体系正在逐步建立。这些文化基金主要用于文化事业建设、改善文化基础设施及设立文化产业发展专项资金等相关方面，将极大地推进文化产业投融资发展。

⑤**急需专业的文化产业投融资服务平台**。促进文化产业领域内的投融资合作，需要建设公共性的投融资平台。中资文化研究所主办的中国文化投融资项目洽谈会，正是提供了

一个沟通信息、交流经验和洽谈合作的平台，对于引导文化产业和风险投资、私募股权投资和上市公司合作发挥了积极的作用。与此同时，各地政府正陆续出台文化产业投融资平台促进计划，上海、深圳、南京、成都、沈阳、合肥、广州和武汉等地已相继成立了文化产权交易所，为文化产业投融资提供专业服务。

案例：江苏紫金文化产业发展基金为文化企业注入了新鲜"血液"

江苏紫金文化产业发展基金（以下简称"基金"）是由江苏省政府2010年4月成立的规模为20亿的文化产业基金。近4年来，基金按照"市场化、专业化"的要求，建立了完备的管理监督架构，组建了精干专业的管理团队；确立了"先大后小、先传统后新兴、先省内后省外"的投资思路与策略；项目投资有序推进，项目储备初具规模。到目前为止，基金共走访、接洽了300多家文化企业，充分挖掘了省内外有价值的文化投资项目案源，在对企业走访和项目初步论证的基础上，筛选出近100个项目进行了重点跟踪洽谈，并对其中近20个项目进行了全面的尽职调查。据不完全统计，基金已实施投资项目21个，合计投资额4.066亿元。近期，基金还将以低息贷款等方式对省内中小文化企业再安排3亿元专项资金进行投资。

目前，基金运作遇到的主要困难：一方面，江苏省文化企业的产业化、公司化运作刚刚起步，不少公司的经营管理理念和手段与将文化产业打造成支柱产业的目标要求相比还比较保守，对资本运作的认识不足，这对基金的股权投资带来了一定的障碍，需要一段时间的引导和磨合；另一方面，基金作为江苏省委、省政府促进文化产业发展的一个重要举措，其设立的根本初衷及作为股权投资形式能够提供的专业化服务作用还需要被省级骨干文化企业认同和接受，尤其是需要自上而下的力量去协同支持。

基金下一步设想：一是进一步加强对文化产业行业进行细分研究，把握产业发展趋势；二是在投资选择上做适当调整，做到"省内省外并举、传统新兴兼顾"；三是做好文化项目投资评估，把控好投资风险；四是完善项目决策机制，提高投资效率；五是不断加强团队建设，提高项目投资之后的增值服务能力。基金将力争在"十二五"期间培育10家以上的文化产业上市公司，以在江苏文化强省建设中发挥更大作用。

华人文化产业投资基金投资《中国好声音》

2009年4月，华人文化产业投资基金成为第一个在国家发改委获得备案通过的文化产业私募股权基金，基金规模为50亿元人民币。这支来自海内外传媒领域具有丰富投资经验和资源运作团队合资成立的星空华文传媒公司，下辖灿星制作公司。灿星制作公司先后成功引进和制作了全球最大的选秀节目《中国达人秀》和2013年火爆荧屏的音乐选秀节目《中国好声音》。华人文化产业投资基金关注市场需求，不仅严谨地评估《荷兰之声》、《英国之声》在本土市场的表现，而且将节目在中国各大视频网站上的视频播放次数和网友留言收集起来，作为项目决策和实施的重要依据。华人文化产业投资基金重视"国际模式、中国表达"的内容创新，从西方引进电视选秀品牌和模式再注入中国价值观，用国际一流的传播手段去传播"中国梦"。《中国好声音》源于荷兰节目《The Voice of Holland》，导师选择、节目环节设置都源自荷兰，但是导师与学员分享音乐道路的艰辛、家人朋友的支持等情节又融入了浓厚的中国文化和中国人的情感。

华澳文化产业投资基金投资《画皮》

华澳文化产业投资基金对电视剧《画皮》的投资是国内首家私募基金投资单个影视剧的项目。该剧总投资2400万元，华澳文化产业投资基金投资了300万元。此前内地基金行业进行文化产业方面的投资，主要是进行股权投资，而针对具体项目进行投资，华澳文化产业投资基金开创了先河。在华澳文化产业投资基金投资《画皮》的过程中，深圳文交所协助此基金对影视剧剧组创作团队做了深入调查。此外，深圳文交所还针对影视剧项目，在投资风险控制和交易制度设计方面做了大量贡献，采用以版权质押为核心的创新型融资手段，对资金进行第三方监管，将投资风险尽量降到最低，这些做法增强了投资商的信心。

广东文化产业投资基金投资闪购

闪购是中国第一家专注于手机物联网技术开发与应用的公司，是中国第一家涉足移动电子商务的先锋企业，拥有全国最大的手机物联网购物应用平台。2012年6月，广东文化产业投资基金宣布向闪购注资10亿元人民币，这是近年来中国移动互联网行业金额最大的首轮融资。此外，广东文化产业投资基金还力促南都全媒体集群与闪购签订了战略合作协议。南都全媒体集群形成了报纸、杂志、网络、移动终端等多种媒介形式综合发展的全媒体经营格局，在内容、形态、渠道等方面达到了全覆盖。南都与闪购的强强联合，使平面媒体搭上移动互联网的高速列车。南都从平面媒体演变为可实时播报的流媒体，信息表现方式更加丰富。南都和闪购将共同打造广东电子商务诚信体系，成为中国电子商务行业健康发展的范例。

建银国际文化产业基金投资"小马奔腾"

2011年4月，建银国际文化产业基金在启动仪式上宣布，北京小马奔腾传媒股份有限公司是该基金正式投资的首家文化企业，投资金额是3-4亿元人民币。

对小马奔腾传媒股份有限公司而言，此次融资完全是买方市场，公司方面提供的投资额度已经足够大，完全有容量引入多家投资者，而在其引入的投资者中几乎都具有文化产业投资背景或拥有相关资源。建银国际文化产业基金之所以能最终成为投资方，是因为其背后有庞大的资金平台，以及其在院线建设方面的优势资源。

第三节　文化产业投资机制相关理论

一、文化产业投资机制提出

文化产业投资体制和机制指的是针对文化产业投资的权利、职责、机构设置、监督、实施等一系列环节的法律和政策规定，及其相互关系和运作的功能，目的是如何贯彻和实施文化产业投资法律和政策规定，以达到预期效果，检验实施投资过程中出现的问题，并及时予以纠正等。文化产业投资体制指的是文化产业投资的法律、法规、政策，文化产业投资的主管、实施、监督等机构的设置及权责的规范，文化产业投资的预算制度，文化产业投资的支出程序，有关文化产业投资的政府采购或招标制度，政府对文化产业投资的监督管理系统，文化产业投资的绩效考评制度等。"机制"在《辞海》(1989年版)里，原指机器的构造和运作原理。若将"机制"引用到文化产业投资领域,假如把文化产品和服务看作是生产成果,机制就是使加工的机器启动的开关和使文化产品和服务转化为文化商品和服务的一系列操作规程[106]。文化产业投资机制指的是文化产业投资法律、法规政策的相互关系,即以法律为基础,法规是法律的展开规范,政策是对法律的实施;涉及文化产业投资的各机构的相互关系及其运行;文化产业投资的预算、备案核准、支出等各环节的运作;文化产业投资绩效考核的展开,对于绩效差的项目提出整改意见,对于违法、违规行为责任人进行处理;在文化产业投资绩效考核基础上,对相关项目数额进行调整等。体制是静态的、基本的规定,机制则是体制的动态表现。

二、文化产业投资机制内涵

1. 文化产业投资主体形成机制

投资主体是指从事投资活动、享有资金所有权、拥有自主决策权的投资者。投资主体是相对于投资客体即项目(或企业)而言的。投资方式是投资主体作用于投资客体所采取的方式和方法。投资主体、投资客体、投资方式构成了投资系统的三个基本要素。保证这个系统有效运行的机制是政府行为这只"有形的手"和资本市场这只"无形的手"。构成投资主体的基本条件包括:一是拥有投资活动的决策权,是否投、投多少、如何投等具体的投资活动完全由投资主体决定;二是具有投资收益的占有权和支配权,投资活动产生的收益按规定的份额与约定由投资主体占有和支配;三是承担投资风险、经济责任和法律责任。投资主体一般可分为政府、企业、个人、多元化投资主体、金融机构(部门)和政策性融资机构等。文化产业投资主体主要有政府、文化单位、非公有资本持有者、外资持有者、国内外各界捐赠人士、资本市场等。从市场机制角度看,文化产业投资最主要的主体是文化单位,因为发展文化产业的真正市场主体是文化单位。在政府、文化单位、非公有资本持有者、外资持有者、国内外各界捐赠人士、资本市场的互相关系中,文化单位处于中心地位,其它投资主体都是围绕文化单位进行相应的投资活动。政府通过政策、法律和经济等手段,采用直接拨款、以奖代补、政策贴息等方法,向文化单位投资,通过文化单位文化产品的生产和销售,进而促进文化产业发展。文化单位自身是文化产品和服务的生产和销售主体。文化单位自身具有资金积累和项目投资的能力,可以通过资产重组、以无形资产融资等渠道，进行融资和投资活动。非公有资本持有者和外资持有者可以直接向文化单位投资，也可以自己建立文化单位，在文化产业链上的某个环节从事文化产品的生产或提供某种文化服务。国内外各界捐赠人士由于对某些文化产业项目有特殊的感情、爱好或其它原因，加之有一定的资金，可能以无偿捐赠或投资入股等形式，将资金投入文化产业领域。资本市场出于资本增值的本性或钟情于文化产业的冲动，也可能将资金投向文化产业领域。总之，要坚持"为社会投资主体进入文化产业领域创造环境高地、为外资主体进入文化产业领域营造成本凹地、为各类商业投资主体进入文化产业领域构筑优势平台"的原则，推进文化产业投资主体多元化，促进文化产业投资主体形成机制创新。

2. 文化产业投资宏观管理机制

文化商品不仅具有文化价值，而且具有使用价值和交换价值，不仅具有一般商品的共有属性，而且具有意识形态等特殊属性。文化产业投资与一般产业投资相比，不仅具有其它产业投资的一般特征，而且具有极强的政治属性、意识形态属性和涉及国家、民族文化安全等特征，更需要政府使用法律、行政、经济、伦理等手段对其进行宏观管理。政府对文化产业投资的具体作用表现在营造投资环境、制定相关政策、直接加大财政资金投入力度、积极鼓励非公有资本进入文化产业领域、积极鼓励银行向文化产业领域放贷，组建文化产业投资基金和风险投资基金、建立文化产业分类管理与投资指导目录、成立文化产业风险投资公司和建立文化产业创业中心或"孵化器"等。政府要从行政控制型向依法行政型转变。使原来的上级约束、行政约束、外部约束变成法律约束、经济约束、内部约束。在市场经济条件下，各级文化产业主管部门要对文化产业投资实现四个转变：由"办文化"向"管文化"转变、由微观管理向宏观管理转变、由直接管理向间接管理转变、由管理系统向管理社会转变。同时，要防止把政府该管的事转移给中介机构和相关企业，影响管理的透明度和公正性。政府还要加强文化产业投资管理和监督，促进文化产业投资健康运行。

3. 文化产业投资微观运行机制

从文化产业投资微观运行机制角度看，文化产业投资过程包括项目寻找、项目评估、项目融资、项目投资、项目管理、资金退出等环节。建立和完善文化产业投资微观运行机制的核心是完善文化产业投资微观管理机制。一是要建立政府投资资金分配和使用的集中决策制度，将分散于各级发改委、财政部门及各行业主管部门分别管理和分配使用的所有文化产业财政性资金，集中由党委宣传部或政府投资主管部门统一管理，由党委宣传部或政府投资主管部门按照整体投资计划确定资金投向，集中进行资金分配决策和统筹使用；二是要推进政府投资项目决策的科学化、民主化，不断扩大社会公众参与政府投资文化产业项目决策的力度和深度；三是要按照文化产业项目不同性质，完善现有投资项目的决策程序；四是要按照资金来源和文化产业政策，合理划分各级政府的投资决策权限；五是推进文化产业工程咨询业的市场化进程，确保文化产业咨询评估机构真正能够为文化产业投资决策提供客观、公正、科学的项目评估和决策咨询服务；六是要建立和完善投资文化产业后评价和绩效挂钩的投资决策行为考核制度等。

4．文化产业投资管理监督机制

目前，从全国面上来说，政府投资占文化产业总投资的比重很大，并且投资管理监督不完善。文化产业投资涉及环节多、技术性强，具有较强的专业性。要想使文化产业投资取得较好的社会效益和经济效益，就必须加强文化产业投资的管理和监督。由于公共行政管理体制和市场经济体制不健全，仅依靠一般监督机构如审计部门抽案审计，是无法对文化产业投资进行有效监督的。建立专业性的文化产业投资监督机构，对监管体制和监督机制不健全的文化产业投资是十分必要的。文化产业投资运行监督主体主要包括党政纪检部门、监察部门、审计部门、新闻媒体、文化产业相关行业协会和文化产业相关从业人员等。各级党委宣传部门可以牵头成立文化产业投资运行监督小组。这个小组可以由纪检、监察、财政、审计、工商、国税、地税、文化、广电、新闻出版等行政主管部门的相关人员、主要文化产业行业负责人、文化产业相关行业协会负责人和文化产业相关从业人员代表组成。这个小组负责对财政支持文化产业的资金实行全过程监督。在文化单位内部，也可以成立兼职产业投资运行监督小组，单位内部的产业投资运行监督小组可以由本单位的纪检、监察部门、审计部门和员工代表等组成，负责对本单位的产业投资资金实行全过程监督。文化产业投资运行监督的内容包括文化产业项目投资资金量多少是否合理、投资方式是否合适、项目投资决策是否合法、项目投资步骤是否合规、项目投资担保是否健全、项目投资成果是否符合预期等。此外，对政府投资监管和项目监察部门而言，要加快相关人员文化产业投资的专业知识和专业技能培训，研究对政府所投资文化产业项目的运作流程和运作规则监管的方法，提高对文化产业政府投资决策的监管水平[107]。此外，引入专业化

51

和市场化的专业机构参与政府投资文化产业决策的监管活动，不但有利于提高政府投资文化产业监管的专业化水平，提高政府投资文化产业的效益，而且有利于培育文化市场，便于促进与文化产业相关的其它产业的协同发展。

三、文化产业投资机制特征

1. 导向性

文化产业投资的导向性是指引文化产业资本投向的"指南针"，目的是确保资金投向正确，确保文化产业投资活动正常运营和健康发展，并取得好的投资收益。一方面，建立文化产业投资机制需要有意识形态导向。作为文化产业的核心要素，精神意识本身就是社会各方面的综合反映。除了满足消费者的物质需求外，文化产品和服务更多地承载着对消费者提升文化品位、价值趋向、道德品格等社会功能。文化产品和服务通过复制、规模化地生产，不知不觉地改变了消费者的知识结构、思维模式和精神境界，进而巩固或者消减社会的精神内核，补充或构建着一个国家的文化架构。在中国，文化产业领域是市场经济成份较低的领域。有人对文化产业认识不足，甚至有抵触思想或情绪，认为发展文化产业就是削弱，甚至放弃社会效益。这些思想和做法决定了文化产业投资必须有明确的构建社会主义核心价值观的导向性。另一方面，建立文化产业投资机制需要有产业导向。从文化产业发展的实践和理论角度来看，文化产业是一种经济形态，它包括生产力、生产资料和工艺技术的整个系统。如果仅从文化被生产的角度来研究，文化产业是以文化为投资和生产对象，并通过对文化的投资取得社会效益和经济效益的产业形式。它是拥有一定的固定资产和一定数量的从业人员，直接或间接地提供文化产品或有偿服务的产业。总之，文化产业是文化的被投资、文化的被生产、文化的被消费，并以经济价值和经济资本的形式，运作文化资本的产业形式。

2. 市场性

市场性就是文化产业投资中，投资何产业项目、投多少资金量、采用何种投资方式、投资过程中如何进行管理等都由市场来决定，政府只是在必要时，进行适当地调控等。文化生产、文化消费、文化消费者三者之间是互动的关系。文化消费的需要促成了文化生产；文化生产创造出文化产品，并通过文化消费创造出了文化消费者；文化消费既有积极的功能和效应，也有迎合某些消费者下流低俗的欲望，而被当做赚钱手段，而这三者的核心纽带是市场。文化产品的生产是以满足文化消费者精神文化需要，并为其提供满意的文化产品或服务为目的。文化生产从演进来看，是以创造文化产品为手段，以创造有消费文化产品或服务能力的消费者为目的，并通过为这些文化消费者提供文化产品或服务，从而提高文化消费者的知识水平、审美力和劳动积极性。

3. 竞争性

市场经济之所以能带来计划经济无法比拟的经济效益，最重要的原因是自身具有竞争性。要使文化产业投资形成激烈竞争，就要引入非公有资本和外资，利用各种优惠政策来鼓励社会各方面力量来投资文化产业，在文化单位内部建立优胜劣汰的竞争机制。建立以市场为导向的文化产业投资竞争机制，就是要一改过去闭门搞陈列、被动等观众的经营方式，开阔视野，将一批不适应市场和公众文化需求的文化产品和服务淘汰出局，并形成公平竞争的局面。优胜劣汰的竞争机制将无形的压力转化成文化产业发展的内在动力，增强文化产业自身竞争力，以取得较好的社会效益和经济效益。

四、文化产业投资机制对其它产业发展的功能

1. 渗透功能

文化产业投资机制对其它产业发展的功能主要指文化产业投资促进了文化的传播，文化理念渗透到了其它产业的设计、生产、营销、市场、品牌、运营管理等环节，从而促进了其它产业的价值重塑与再生。从这个意义上说，文化产业的发展壮大，不仅可以直接产生巨大的经济效益，促进文化繁荣，而且极大地促进了其它产业的发展。文化产业投资机制渗透到其它产业发展中，一方面，可以在其它产业中注入文化因素，增加文化内涵、文化意义，使人们在获得物质享受的同时，获得精神享受，全面提升其它产业的文化附加值；另一方面，可以通过先进的文化理念引导其它产业产品生产，淡化精神产品和物质产品的界限，让文化因素融入物质产品的设计、制造和销售，从而提高文化产品或服务的价值。

2. 转换功能

文化产业投资机制对其它产业作用的转换功能指随着文化产业的发展，资源逐步从其它产业流入文化产业，从而加剧其它产业之间竞争，促进其它产业内部结构调整。文化产业的发展使非物质因素创造价值的理念得以发扬，从而推动社会资源由单纯的物质资源，向物质资源和非物质资源并重转换，进而推动产业结构调整。文化产业投资对其它产业作

53

用的转换功能不受其它产业性质的限制，任何性质的产业都可以投资文化产业，实现结构转换。此外，文化产业推动社会分工演进，不受行业限制和社会分工影响。

3. 提升功能

文化产业投资机制对其它产业的提升功能指文化产业通过提高工业、服务业的文化含量和经济价值，提升社会经济的整体质量，完成经济增长方式的根本转变，实现对其它产业点石成金的效果。如果说渗透功能和转换功能侧重于量的积累，则提升功能是在此基础上质的飞跃。工业、服务业等其它产业在文化因素推动下，价值创造方式、运营方式发生了根本转变。从简单的文化因素吸收和组合过渡为文化因素的挖掘和创造，文化产业投资机制随着经济阶段的提升，其最终消费方式传递至工业和服务业，进而强化所有产业对文化因素的需求。汽车文化等"亚文化产业"流行说明，由单一文化因素启动转换为工业推动文化、文化回报工业的双向促进。在产业竞争方面，表现为产业动态比较优势与竞争优势的获得，产业内生能力的增强，文化因素成为产业竞争力的核心因素。

第四节　文化产业投资机制演进

中国传统的文化投资机制是建国后计划经济体制框架下形成的。资源配置方式的低效率，导致投资主体和渠道单一，国有文化单位投资运行机制僵化，文化产品和服务供给严重不足。计划经济体制下的文化投资机制缺陷可以用图2.3来表示。一个轮子表示投资渠道单一，文化单位对政府依赖性强，导致文化单位资金匮乏，资本积累少，然后导致投资产出效率低，产业链和资金链容易断裂，资源闲置、流失严重等，再导致文化产品和服务在文化市场上缺乏竞争力；另一个轮子则体现文化产品或服务缺乏竞争力，导致消费者流失，然后导致市场空间狭小，部分市场被国外文化产品或服务侵占，进而导致文化单位收入减少、运行困难，再导致文化人才培养和市场投资严重不足，从而进一步导致文化产品或服务缺乏竞争力。20世纪80年代中后期，一些文化单位开始探索"以文补文"的路子，积极开展经营活动。1989年1月，国家财政部下发了《关于事业单位财务管理的若干规定》，根据文化单位是否有"稳定的经常性收入",将文化单位划分为公益性、准公益性和经营性文化单位。政府财政对这三类文化单位的经费投资量和投资方式逐渐有所区别,可经营性和准公益性的文化单位逐渐进入市场。20世纪90年代以后,国家开始重视发展和研究"文化产业",文化产业投资机制的问题也随之浮出了水面。随着国家文化管制的松动,非公有资本开始逐步进入文化产业链的某些环节,如图书销售等。1992年,中共中央、国务院出台了《关于加快发展第三产业的决定》,把属于文化产业的文化旅游、文化娱乐业、咨询业、信息业和各类文化技术服务业列为发展重点,明确提出"谁投资、谁所有、谁受益","充分调动各方面的积极性,国家、集体、个人一起上,放手让城乡集体经济组织和私营企业、个人兴办投资少、见效快、劳动密集、直接为生产和生活服务的行业"。这一决定放开了一些竞争性文化产业的投资门槛。2001年12月,国务院办公厅转发了原国家计委《关于"十五"期间加快发展服务业若干政策措施的意见》,将文化旅游、教育培训等服务业作为"十五"期间的发展重点,进一步对非公有资本降低了投资准入门槛。2003年,国家

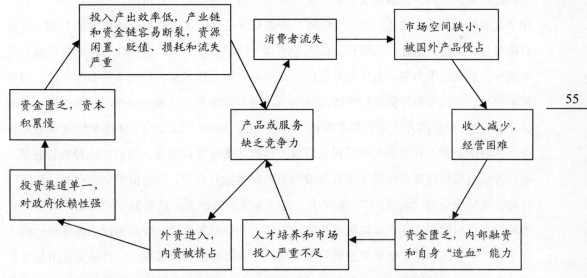

图 2.3　文化产业投资机制缺陷导致资金链断裂的双轮效应图[①]

[①]来源于王晨、成乔明《推动江苏文化产业投资机制转变》,《江苏文化蓝皮书,2003～2004年:文化产业发展报告》第334页。

开始进行文化体制改革试点，改革试点地区的文化单位在市场经济条件下逐步按照文化产业发展的需要，积极探索新的文化产业投资新机制，非公有资本迅速进入文化产业领域，初步形成了多种所有制并存的文化产业投资格局。2010年6月，中国人民银行、国家财政部、国家文化部等部门下发了《关于金融支持文化产业振兴和发展繁荣的指导意见》（银发〔2010〕94号）；2014年3月，国家文化部、中国人民银行、国家财政部又下发了《深入推进文化金融合作的意见》，从而真正有效促进了金融资本、社会资本、文化资源的融合。

第五节　文化产业投资机制现状

文化产业发展资金过去长期过于依靠非市场化运作途径，主要是政府拨款等。计划经济体制积累的惯性，使国有文化资产缺乏资本属性。即使是实行市场经济体制后，国有文化单位因为是非法人主体，国有文化资产难以充分进入文化产业投资体系[108]。目前，政府对电视台、电台、报社、出版社、演艺场所等"准公益性"和"经营性"单位的拨款在逐年减少，甚至几乎为零。而这些单位由于冗员多、历史包袱重、基建项目多等原因，自身积累很少。2012年银行贷款利率约为5%～6%，债券市场利率约为7%～8%，股票市场利率高达10%以上。根据西方"啄食顺序理论"（Packing Order Theory），文化单位资金来源首先应是内部积累，其次是求助于银行贷款，再次才考虑发行债券，最后才选择发行股票。银行等金融机构贷款应该是文化单位最常见的间接融资渠道，但是由于文化产业是高风险行业，文化企业有"轻资产"、抵押少、甚至无抵押等特征，以及银行机构还没有建立完善的对文化单位和文化产品或服务相应的价值评估体系等原因，很多银行不愿意放贷给文化单位，银行还不是文化单位融资的主渠道。债券市场进入门槛很高，目前文化单位发行债券非常难。2003年底，国家出台的《关于进一步规范上市公司增发新股的通知》和《关于上市公司增发新股有关条件的通知》提高了文化单位在资本市场借壳上市的门槛，进一步紧缩了文化产业融资的渠道。因此，在资金投入不足的情况下，文化成果转化和文化初级产品深加工举步维艰，文化产业发展不快。

一、投资主体增多，但非政府投资主体仍显较少

1. 国有资本是投资的主要来源，所占比例占绝对优势

文化产业投资资金来源总体上分为国有（政府）投资、非公有资本投资和外资投资等。长期以来，文化被认为是纯粹的公益行业，完全由政府包办。因此，政府财政投入自然成了文化产业投资的最主要来源。这种机制使得文化投资渠道过于单一、狭窄，只讲投入不讲产出。许多重大文化产业项目由于缺乏资金，发展受到限制。此外，中国文化产业大多实行"出身"准入制，把部门出身、行业出身、地域出身和所有制出身变成文化市场准入的条件。从而造成非公有资本进入文化产业的壁垒较高，使得社会上的闲散资金难以进入文化产业领域，急需资本扶持的文化产业项目只能望梅止渴。况且国有资本对文化领域的投资结构不合理。据国家财政部数据显示，1994～2012年，国家财政对宣传文化领域的投资总额为3118.53亿元。其中，事业费达2168.35亿元，占投资总额的69.5%。事业费中工资、福利等人头费约占50%以上，约1084亿元，而同期国家财政对文化产业投资总额仅是951亿元，[1]还不到事业费中工资、福利等人头费支出的一半。

2. 非公有资本是投资的重要组成部分，但所占比例较小

改革开放30年来，中国文化产业国有经济总量在不断壮大，非公有制文化单位也随之从无到有，从小到大，慢慢发展壮大起来。党中央确立了以人为本的"科学发展观"之后，非公有制文化单位的重要性越来越大，影响力越来越强。非公有制文化单位在丰富人们的文化生活和满足人们多样化的文化需求方面起了很大作用。特别是文化体制改革试点以后，非公有资本进入文化产业领域的步伐大大加快，文化产业投资格局为之一新[109]。但是由于非公有资本进入文化产业领域起步较晚，非公有资本在经济总量、企业规模、外向度、特色化、可持续发展能力等方面均比较薄弱，主要表现在：一是非公有制文化单位规模偏小，规模较大的单位偏少；二是谋生型文化单位多、创业型文化单位少；三是非公有制文化单位可持续发展能力差等。

3. 部分文化产业领域已对外资开放，但所占比例非常小

2003年2月，海峡两岸合作成立的大型书店"闽台书城"在福州市中亭街开业。这个

57

---

①数据来源于国家统计局《中国统计年鉴》（2012年），北京：中国统计出版社。

由12家台湾出版社和福建外文书店合资成立的"闽南书城有限公司"是中国加入WTO后，台湾地区第一家入住中国内地正式成立的合资书店[110]。随后中国还批准了首家独立制作和销售音像制品的合资企业"上海新索尼音乐公司"。美国索尼公司投资2990万美元，成立了首家沪港合资的"上海永乐广裕影城有限公司"。美国新蚍集团全资拥有的STAR集团与中央电视台、中国国际电影公司以及广东有线电视网络公司达成协议，通过有线电视系统向广东地区播放全新的24小时综艺频道。这些重大的合资项目标志着中国文化产业利用外资的步伐正在加快[111]。截至2012年外商在中国境内直接投资行业情况见表2.3。

中国加入WTO后，投入文化产业领域的外资逐渐增多，尤其是投入图书发行等行业的外资逐渐增多。但是文化产业利用外资水平与其它产业利用外资水平相比，仍然比较低，外资投入量在文化产业总投资中所占比例非常小。

表 2.3　截至 2012 年外商在中国境内直接投资行业结构表[①]

行业名称	项目数 (个)	比例 (%)	合同利用外资 (亿美元)	比例 (%)
农、林、牧、渔业	16427	2.77	284.43	1.89
采矿业	1263	0.21	57.91	0.39
建筑业	11260	1.89	307.31	2.05
交通运输、仓储及邮电业	7272	1.22	365.84	2.44
信息传输、计算机服务和软件业	4493	0.76	95.83	0.64
批发和零售业	32531	5.47	422.11	2.82
住宿和餐饮业	3441	0.58	77.99	0.52
金融业	213	0.04	212.80	1.42
居民服务和其它服务业	11149	1.88	204.25	1.36
教育培训业	1619	0.27	30.26	0.20
卫生、社会保障和社会福利业	1267	0.21	58.55	0.29
文化、体育和娱乐业	785	0.13	30.86	0.21

[①]资料来源于国家统计局《中国统计年鉴》（2012 年），北京：中国统计出版社。

二、投资门槛降低，但与其它产业相比仍显较高

相对于其它产业而言，国家相关部门对文化产业投资规定的门槛较高，硬性规定较多。改革开放后，国家允许并鼓励非公有资本和外资进入其它产业领域，但文化产业领域市场化程度较低，速度较缓。在市场准入方面，中国大部分地区在文化产业领域缺乏具体的操作性强的行业指导政策。虽然文化产业的一些竞争性行业对非公有资本已初步放开，但开放的力度还远远不够，还存在着种种限制非公有制经济进入文化产业的政策法规和制度性障碍。由于市场准入的限制，绝大多数非公有资本只能通过与拥有垄断性刊号资源的国有文化单位进行合作经营来开展业务。这种非规范的合作形式，使得合作双方既无法形成以产权为纽带的稳定的合作关系，也造成在合作过程中难以避免的短期行为、行政干预和各种摩擦。非公有资本和外资虽然已经可以进入文化产业产业链的某些环节，但由于文化产业不同于其它产业，大部分产业门类具有很强的意识形态属性和政治属性，并涉及国家的文化安全，大量非公有资本只能进入部分文化产业非主流行业，或进入生活、科技等主流行业的非主流部门、非主流频率、非主流频道、非主流出版社等。即使部分非公有资本用迂回的方式进入文化产业链的某些环节，但由于层层政策限制、资本回报率低和资本回收周期长等因素的影响，不少非公有资本又重新退出了所投资的领域[112]。

三、投资方式增加，但与其它产业相比仍显单调

从政府投资文化产业来看，政府投资文化产业的方式主要有投资补助、贴息、转贷等。在中国大多数地区和部门，政府对文化产业的投资方式还很单调，还仅局限在投资补助形式上，连贴息和转贷的方式都很少使用。原因是大多数人认为，文化是官办的，赚钱了大家都好说，赔钱了没人肯去承担投资风险和投资责任。从非公有资本投资文化产业层面来看，民营企业在文化产业投资方式上做了大胆探索。如宋城集团和开元旅游集团等民营企业大举进入广告、传媒、影视、卡通、网络游戏等文化产业领域，并呈现出"三快一高"（即开拓文化市场快、规模发展快、产业链延伸快、成功率高）的特点。在投资进入方式上，民营企业投资文化产业的方式主要有：从旅游延伸拓展进入、从经济开发区转型进入、从房地产转化进入、从公益性行为转化为产业进入、从人才输入进入、从广告业进入、从网络服务进入、从"强强混合"进入、从专业市场或特定消费群体进入等[113]。由于民营文

化单位的背景、构成、业态不同，从而带来资本运作模式的多样性。民营企业投资文化产业的模式主要有：一是社团化运作。浙江横店集团的初始资本是源于银行贷款和向员工个人借款[114]。以后企业发展资本，除依靠一部分银行投资之外，基本以企业积累为主。二是精细预算、系统决策。浙江华谊兄弟公司的资本主要来自私人公司的原始积累。但是公司的资本运作计划性较强，管理团队比较职业化，投资的营利目的性非常强，投资严格按预算进行，而且预算做得非常精细。三是反向收购，借壳上市。为了强化资本运作，浙江赛迪集团成立了"中计报投资有限公司"（以下简称"中计报"），选择借壳上市，并选定"ST港澳"作为收购方，收购"中计报"51%的股权，导致"ST 港澳"扭亏为赢，并按政策允许在收购的次年扩股，用所获得的额外资金支付给"中计报"，"中计报"再用这笔资金收购"ST 港澳"。四是上市投资，低成本扩张。浙江华侨城集团公司 1997 年将下属的部分旅游资源配套资产进行重组，组建了华侨城控股公司。华侨城集团再通过康佳集团和华侨城控股公司两家上市公司，累计从社会上融资 30 亿元。同时，华侨城采取收购兼并、低成本扩张战略，先后控股经营山东曲阜孔子旅游项目和三峡旅游项目，并取得了良好收益。五是政策、市场与资本的结晶。"世纪英雄"集资本与影视两大领域的强项于一身，创造出独特的理念和品牌，实现了影视产业的超常规发展[115]。但是一般产业投资方式很多，主要有设施使用协议投资和项目公司投资等。文化产业投资虽然有意识形态属性和政治属性，并涉及国家文化安全，但其它产业的大部分投资方式还是可以学习使用的。

四、信用担保初建，但与其它产业相比还很不完善

文化产业和其它产业很大的不同是，文化产业主要是以知识产权和品牌价值等无形资产作为资产存在的表现形式。文化产业和项目如果获得资金投入，就会遭遇很大的困难，就是几乎没有什么有形的等值物可以抵押和置换。比如一个创意很好的文化策划如果短缺资金，想到银行贷款，很可能就会遇到被拒贷的尴尬。大型山水演出节目《印象•刘三姐》的一位策划总监曾经向笔者介绍过项目融资运作的艰难过程。引起笔者思考的不是策划思路的绝妙，而是当初艰难融资的各个环节。这一项目前期投入比较大，到项目运作的中期阶段，资金已经紧张到了"连员工基本工资都发不出"的窘境。这位策划总监和另一位经理在走投无路的情况下，就直接闯到当地一家农业银行的行长室，向行长说明了来意。当

时这位行长手中恰好有一笔用于扶持本地文化产业发展的商业贷款，听明来意后，立即表示支持这个项目。而后来这位行长讲，当时之所以肯放贷的最主要的原因是，行长本人很信任参与这个项目的大导演张艺谋。因相信张艺谋这个人，而相信这个项目能获得成功。但问题的关键是，并非每个文化产业项目都能请到张艺谋这样的大导演去做总策划。如果文化企业遇到资金困难，向商业银行又贷不到款，这样政府的作用就变得十分重要了。这就必须要建立文化产业投融资信用担保制度。国内的现状是部分省（区、市）、市，甚至部分县（市、区）已经初步建立了文化产业投融资信用担保制度，但从面上总体而言，这个信用担保制度还很不完善，且在执行的过程中，很不规范。政府相关部门应准确评估文化产业项目风险，以文化产业投融资信用担保的形式，使得文化企业和所投项目获得持续性的投融资信用担保制度支持。

此外，文化产品或服务的"投入——产出"和高科技产品或服务的"投入——产出"活动一样，是一项具有高风险的投资活动。在文化产品或服务生产或提供的活动中，高投入与高产出之间并不一定是稳定的函数关系，而是正常是一种概率关系。尽管从普遍性角度来看，文化产品或服务方面的高投入可以带来高产出，但当具体到某一文化产品或服务的"投入——产出"活动时，由于存在相当程度的不确定性，私人在这方面的投入往往不是充分的。因此，不难看出，文化生产活动如果单纯靠市场来配置资源，可能会使文化产业的投入不足，从而使整个文化产业的资源配置处于一种非帕累托最优状态，因而政府的介入是必要的。政府的介入可以规范文化市场的运行，减少文化产品或服务的供求矛盾，充分发挥文化产品或服务供给对整个经济的乘数效应作用，支持非公有资本对高风险文化产业门类进行投入，从而带来较高投资回报，有效促进文化产业大发展大繁荣。

61

第三章　文化产业投资机制运行效率分析

创新文化产业投资机制，目的是提高文化产业投资效率。本章着重对各省（区、市）文化产业的投资效率做测度与评价，以期为文化产业投资机制的效率提高提供借鉴。

第一节　文化产业投资效率测评

本节以各省（区、市）为研究对象，应用DEA方法，评测各省（区、市）文化产业投资的运行效率。

一、研究方法

DEA方法是由Chames, Cooper, Rhode提出来的，目的是评价"多投入多产出"模式下，决策单元间的相对有效性。现在应用较为广泛的是CCR模型和BCC模型，可分别处理"规模报酬不变"与"规模报酬变动"假设下的决策单元有效性问题。假设有 n 个受评估的决策单元(Decision Making Unit, DMU)，各使用 m 种投入要素，$x_{ij}(i=1,...,n; j=1,...,m)$，生产 s 种产出 $y_{ir}(r=1,...,s)(x_{ij} \geq 0, y_{ir} \geq 0)$，则决策单元 o 的相对效率衡量指标 $h_o(u,v)$ 可表示为式（3.1）

$$\underset{u,v}{\text{Max}} \quad h_o(u,v) = \frac{\sum\limits_{r=1}^{s} u_r y_{or}}{\sum\limits_{j=1}^{m} v_j x_{oj}},$$

$$\text{s.t.} \quad \frac{\sum\limits_{r=1}^{s} u_r y_{ir}}{\sum\limits_{j=1}^{m} v_j x_{ij}} \leqslant 1。$$

$$u_r, v_j \geqslant 0; i = 1,...,n; j = 1,...,m; r = 1,...,s。 \quad (3.1)$$

式中 u_r、v_j 分别为第 r 种产出与第 j 种投入的权重系数。为使表达更为清楚，式(3.1)可转化成其对偶形式，如式（3.2）所示

$$\underset{\vartheta,\lambda}{\text{Min}} \quad \theta, \quad S.T. \quad \sum_{i=1}^{n} \lambda_i y_{ir} \geqslant y_{or}, \quad \theta x_{oj} - \sum_{i}^{n} \lambda_i x_{ij} \geqslant 0$$

$$\lambda_i \geqslant 0; i = 1,.....,n; j = 1,.....,m; r = 1,.....,s。 \quad (3.2)$$

式中：λ_i 为代估参数。θ 值为被评估决策单元的相对效率衡量指标，其值介于0与1之间，当 $\theta = 1$ 时，表示决策单元DEA有效；而当 $\theta < 1$ 时则表示DEA无效。式（3.2）隐含着规模报酬不变的假设，即CCR模型；当加入限制条件 $\sum\limits_{i=1}^{n} \lambda_i = 1$，表示规模报酬变动，即BCC模型。

由CCR模型计算出的效率值为技术效率值，可以进一步分解成为规模效率与纯技术效率的乘积，即技术效率=规模效率×纯技术效率。而纯技术效率值可由BCC模型计算得出，由此便求出规模效率值 = 技术效率 / 纯技术效率。当规模效率值等于1，表示决策单元正位于最适规模效率水平；规模效率值小于1，则表示决策单元处于规模无效率的状态。

为进一步衡量决策单元规模报酬是处于不变、递增还是递减状态，可根据 $\sum\limits_{i=1}^{n} \lambda_i$ 值进行判断：若 $\sum\limits_{i=1}^{n} \lambda_i = 1$，表示规模收益不变，此时决策单元已达到最佳规模收益点；若 $\sum\limits_{i=1}^{n} \lambda_i > 1$，表示规模收益递减，表明对决策单元投入量的增加不会带来产出更高比例的增加，反而使投入产出比例减少；而当 $\sum\limits_{i=1}^{n} \lambda_i < 1$ 时，表示规模收益递增，表明若决策单元在原有投入的基础上增加适当投入量，会带来产出更高比例的增加。

二、变量与数据

应用DEA方法测度文化产业投资运行效率，需要合理选取投入产出变量。选取各地区文化产业的总产出这一变量作为文化产业产出的衡量指标，并按文化娱乐价格指数，以2007年为基期进行平减。对文化产业的投入变量，从投资资本和人力资源两个方面来考核。人力资源选取各地区文化产业从业人数作为考核指标，而投资资本用各地区文化产业总支出来近似表征，并依照永续盘存法核算其资本存量。核算过程如下

$$K_{it} = (1-\delta) \times K_{i(t-1)} + E_{it} \text{。} \tag{3.3}$$

式中：K_{it}、$K_{i(t-1)}$分别表示第i地区第t和$t-1$期的文化产业资本存量；δ为折旧率，取$\delta=15\%$；E_{it}表示第i地区第t期的实际文化产业经费支出，其值按照固定资产投资价格指数，以2012年为基期进行平减。

进一步需要估算基期资本存量。假设文化资本存量的增长率等于文化经费支出的增长率，则基期资本存量的估算公式为

$$K_{i0} = E_{i0} / (g+\delta) \quad \text{。} \tag{3.4}$$

式中：K_{i0}为基期资本存量；E_{i0}为基期实际R&D经费支出；g为考察期内实际 R & D 经费支出的平均增长率；δ为折旧率。因此，可计算出各期、各地区的文化产业资本存量。

文化产业总产出、从业人数及经费支出三个变量数据来源于历年《中国文化文物统计年鉴》，文化娱乐价格和固定资产价格两个指数来源于历年《中国统计年鉴》。另外，为研究方便，沿袭传统的东、中、西部划分，对三大地区的研发创新效率状况进行比较，以研究创新与经济发展的结合程度。其中，东部包括北京、天津、河北、辽宁、上海、江苏、浙江、福建、山东、广东和海南；中部包括山西、内蒙古、吉林、黑龙江、安徽、江西、河南、湖北和湖南；西部包括广西、重庆、四川、贵州、云南、陕西、甘肃、青海、宁夏和新疆。西藏由于数据不全，分析中暂未分析。

三、结果分析

DEA方法有投入导向与产出导向两种模式。投入导向模式指在产出量固定的前提下对投入量进行适当调节和控制；产出导向是在投入量固定的前提下对产出量进行调节和控制。区域创新系统中，投入比产出更容易实现控制。因此，选取投入导向的DEA模式。利

用DEAP2.1软件包计算2002～2011年中国各省（区、市）文化产业投资效率，如表3.1、3.2和3.3所示。其中，表3.1为技术效率核算结果，表3.2为纯技术效率核算结果，表3.3为规模效率核算结果。

表3.1显示了全国部分省（区、市）及东、中、西部三大地区各年文化产业投资的技术效率。从表中可看出，考察期内辽宁省的技术效率一直为1，表明辽宁在既定投入水平下以达到了最大产出。上海、广东除在2007年技术无效率外，其余年份均位于前沿面上，亦在既定投入下达到了最佳产出。而其它省（区、市）均显示出不同程度的技术无效率。黑龙江、浙江、福建、海南、四川、云南和新疆等省份技术效率均值都在0.7以上，具有较高的技术效率，而河北和和河南两省技术效率最差，尚不足0.3，离前沿面有较大的距离。从全国整体来看，历年全国技术效率均值基本徘徊在0.60与0.65之间，十年的技术效率均值为0.641，尚有超过35%的提升空间。

从东、中、西部三大地区的比较来看，东部效率均值要高于中、西部地区，这说明文化产业投资效率与经济发展具有较大的相关性。经济发展程度比较好的地方，文化产业投资效率也较高。但是北京作为中国经济最为发达的地区之一，其文化产业投资效率只有0.446，原因可能是北京的文化产业投资基数非常大，而产出相对较少。从表3.2和3.3对技术效率分解的情况来看，北京市纯技术效率均值为0.467，而规模效率均值为0.955，这表明制约北京市文化投资有效发展的因素主要缘于纯技术效率较低。纯技术效率的经济含义主要体现在制度及日常管理方面。因此，为了提升北京市文化产业的的投资效率，必须在制度变革和管理创新上下功夫。

表3.2显示了全国部分省（区、市）及东、中、西三大地区的纯技术效率情况。从表3.2可以看出，辽宁、广东两个省各期纯技术效率都为1，这表明在变动规模报酬条件下两个省的投入产出达到了最佳前沿。而上海除2002年外，变动规模报酬下投入产出也达到了最佳前沿。除了这三个省市外，黑龙江、福建、广西、海南、四川、贵州、云南、青海和新疆等省（区、市）也具有较高的纯技术效率，均值都在0.7以上，而北京、河北、山西和陕西等省（区、市）纯技术效率较低，年均值尚不足0.5，这些地区需在制度变革和管理创新方面下功夫。从全国范围来看，各期效率均值基本保持在0.7以上，其中2010年最高，达到了0.73，但仍具有较大的提升空间。

65

表 3.1　文化产业投资的技术效率表[①]

年份 地区	2002	2003	2004	2005	2006	2007	2008	2009	2010	2011	均值
北　京	0.407	0.407	0.411	0.416	0.431	0.407	0.598	0.565	0.407	0.407	0.446
天　津	0.621	0.635	0.594	0.593	0.593	0.593	0.593	0.599	0.596	0.611	0.603
河　北	0.292	0.292	0.292	0.292	0.292	0.292	0.292	0.292	0.292	0.292	0.292
山　西	0.444	0.444	0.444	0.444	0.444	0.444	0.444	0.444	0.444	0.444	0.444
内蒙古	0.482	0.482	0.482	0.482	0.482	0.482	0.482	0.482	0.482	0.482	0.482
辽　宁	1.000	1.000	1.000	1.000	1.000	1.000	1.000	1.000	1.000	1.000	1.000
吉　林	0.499	0.511	0.505	0.510	0.507	0.498	0.522	0.505	0.809	0.510	0.538
黑龙江	0.873	0.885	0.860	0.871	0.861	0.835	0.848	0.850	0.835	0.851	0.857
上　海	1.000	1.000	1.000	1.000	1.000	0.606	1.000	1.000	1.000	1.000	0.961
江　苏	0.510	0.512	0.515	0.520	0.529	0.451	0.538	0.562	0.555	0.562	0.525
浙　江	0.783	0.778	0.750	0.769	0.786	0.707	0.792	0.780	0.748	0.754	0.765
安　徽	0.676	0.661	0.659	0.659	0.659	0.659	0.659	0.659	0.659	0.659	0.661
福　建	0.797	0.795	0.793	0.798	0.800	0.687	0.799	0.836	0.832	0.805	0.794
江　西	0.454	0.454	0.454	0.454	0.454	0.454	0.454	0.454	0.454	0.454	0.454
山　东	0.682	0.682	0.682	0.682	0.682	0.682	0.682	0.682	0.682	0.682	0.682
河　南	0.287	0.287	0.287	0.287	0.287	0.287	0.287	0.287	0.287	0.287	0.287
湖　北	0.663	0.663	0.663	0.663	0.663	0.663	0.663	0.663	0.663	0.663	0.663
湖　南	0.595	0.595	0.595	0.595	0.595	0.595	0.595	0.595	0.595	0.595	0.595
广　东	1.000	1.000	1.000	1.000	1.000	0.850	1.000	1.000	1.000	1.000	0.985
广　西	0.669	0.673	0.668	0.669	0.685	0.651	0.702	0.702	0.699	0.698	0.682
海　南	0.724	0.723	0.718	0.726	0.724	0.668	0.721	0.740	0.732	0.734	0.721
重　庆	0.642	0.579	0.579	0.579	0.579	0.579	0.605	0.581	0.614	0.597	0.593
四　川	0.844	0.844	0.844	0.844	0.844	0.844	0.844	0.844	0.844	0.844	0.844
贵　州	0.573	0.567	0.567	0.567	0.575	0.567	0.569	0.567	0.567	0.567	0.569
云　南	0.870	0.866	0.845	0.858	0.852	0.765	0.888	0.891	0.877	0.880	0.859
陕　西	0.365	0.365	0.365	0.365	0.365	0.365	0.365	0.365	0.365	0.365	0.365
甘　肃	0.470	0.470	0.470	0.470	0.470	0.470	0.470	0.470	0.470	0.470	0.470
青　海	0.639	0.654	0.647	0.644	0.659	0.639	0.695	0.685	0.670	0.699	0.663
宁　夏	0.658	0.652	0.652	0.652	0.652	0.652	0.652	0.652	0.652	0.652	0.653
新　疆	0.772	0.772	0.775	0.772	0.772	0.772	0.772	0.772	0.772	0.772	0.772
东　部	0.711	0.711	0.705	0.709	0.712	0.631	0.729	0.732	0.713	0.713	0.707
中　部	0.553	0.554	0.550	0.552	0.550	0.546	0.550	0.549	0.581	0.549	0.553
西　部	0.650	0.644	0.641	0.642	0.645	0.630	0.656	0.653	0.653	0.654	0.647
全　国	0.643	0.642	0.637	0.639	0.641	0.605	0.651	0.651	0.653	0.645	0.641

66

[①]资料来源于国家统计局网站。

表 3.2 文化产业投资的纯技术效率表[①]

年份 地区	2002	2003	2004	2005	2006	2007	2008	2009	2010	2011	均值
北 京	0.426	0.426	0.429	0.433	0.447	0.424	0.641	0.594	0.426	0.426	0.467
天 津	0.710	0.718	0.680	0.699	0.701	0.698	0.694	0.694	0.695	0.697	0.699
河 北	0.326	0.326	0.326	0.325	0.328	0.330	0.332	0.331	0.328	0.328	0.328
山 西	0.493	0.490	0.491	0.490	0.498	0.501	0.504	0.503	0.497	0.496	0.496
内蒙古	0.559	0.558	0.556	0.554	0.561	0.559	0.552	0.553	0.553	0.551	0.556
辽 宁	1.000	1.000	1.000	1.000	1.000	1.000	1.000	1.000	1.000	1.000	1.000
吉 林	0.565	0.577	0.572	0.577	0.576	0.571	0.590	0.578	1.000	0.575	0.618
黑龙江	0.933	0.945	0.919	0.931	0.918	0.901	0.907	0.905	0.905	0.907	0.917
上 海	1.000	1.000	1.000	1.000	1.000	0.631	1.000	1.000	1.000	1.000	0.963
江 苏	0.526	0.527	0.531	0.536	0.550	0.455	0.559	0.575	0.570	0.578	0.541
浙 江	0.795	0.789	0.757	0.779	0.796	0.708	0.800	0.785	0.751	0.757	0.772
安 徽	0.731	0.712	0.712	0.714	0.715	0.716	0.719	0.719	0.719	0.717	0.717
福 建	0.841	0.839	0.838	0.851	0.857	0.716	0.846	0.881	0.877	0.849	0.840
江 西	0.545	0.541	0.540	0.537	0.545	0.546	0.551	0.551	0.551	0.549	0.546
山 东	0.686	0.686	0.685	0.686	0.684	0.685	0.685	0.685	0.686	0.685	0.685
河 南	0.305	0.306	0.307	0.306	0.308	0.309	0.310	0.310	0.309	0.309	0.308
湖 北	0.684	0.685	0.685	0.687	0.686	0.686	0.686	0.684	0.684	0.684	0.685
湖 南	0.626	0.629	0.629	0.625	0.628	0.629	0.630	0.629	0.629	0.628	0.628
广 东	1.000	1.000	1.000	1.000	1.000	1.000	1.000	1.000	1.000	1.000	1.000
广 西	0.735	0.737	0.734	0.730	0.740	0.707	0.760	0.754	0.749	0.748	0.739
海 南	1.000	1.000	1.000	1.000	1.000	0.958	1.000	1.000	1.000	1.000	0.996
重 庆	0.732	0.654	0.654	0.650	0.646	0.643	0.666	0.646	0.668	0.643	0.660
四 川	0.853	0.852	0.851	0.850	0.847	0.848	0.847	0.847	0.847	0.847	0.849
贵 州	0.739	0.733	0.731	0.734	0.729	0.725	0.740	0.733	0.734	0.727	0.733
云 南	0.918	0.913	0.888	0.901	0.894	0.799	0.935	0.932	0.915	0.919	0.901
陕 西	0.401	0.402	0.403	0.401	0.399	0.401	0.404	0.404	0.405	0.406	0.403
甘 肃	0.583	0.586	0.586	0.583	0.570	0.571	0.577	0.575	0.571	0.571	0.577
青 海	1.000	1.000	1.000	1.000	1.000	0.933	1.000	0.948	0.938	0.944	0.976
宁 夏	1.000	1.000	1.000	1.000	1.000	1.000	1.000	1.000	1.000	1.000	1.000
新 疆	0.868	0.867	0.867	0.867	0.875	0.875	0.884	0.887	0.889	0.886	0.877
东 部	0.755	0.756	0.750	0.755	0.760	0.691	0.778	0.777	0.758	0.756	0.755
中 部	0.605	0.605	0.601	0.602	0.604	0.602	0.605	0.604	0.65	0.602	0.608
西 部	0.783	0.774	0.771	0.772	0.77	0.75	0.781	0.773	0.772	0.769	0.772
全 国	0.719	0.717	0.712	0.715	0.717	0.684	0.727	0.723	0.730	0.714	0.716

[①] 资料来源于国家统计局网站。

表3.3　文化产业投资的规模效率表[①]

年份 地区	2002	2003	2004	2005	2006	2007	2008	2009	2010	2011	均值
北　京	0.956	0.957	0.958	0.959	0.964	0.961	0.934	0.950	0.955	0.955	0.955
天　津	0.875	0.885	0.873	0.847	0.846	0.849	0.854	0.862	0.857	0.876	0.862
河　北	0.894	0.894	0.894	0.896	0.889	0.884	0.879	0.882	0.888	0.890	0.889
山　西	0.900	0.906	0.904	0.906	0.892	0.886	0.880	0.883	0.893	0.895	0.895
内蒙古	0.862	0.863	0.867	0.871	0.858	0.862	0.873	0.872	0.871	0.875	0.867
辽　宁	1.000	1.000	1.000	1.000	1.000	1.000	1.000	1.000	1.000	1.000	1.000
吉　林	0.883	0.886	0.882	0.884	0.880	0.873	0.885	0.874	0.809	0.887	0.874
黑龙江	0.936	0.936	0.936	0.936	0.937	0.927	0.935	0.939	0.923	0.937	0.934
上　海	1.000	1.000	1.000	1.000	1.000	0.961	1.000	1.000	1.000	1.000	0.996
江　苏	0.970	0.972	0.970	0.970	0.962	0.992	0.963	0.976	0.974	0.974	0.972
浙　江	0.985	0.986	0.991	0.987	0.987	0.999	0.990	0.994	0.996	0.995	0.991
安　徽	0.924	0.927	0.926	0.924	0.922	0.921	0.917	0.917	0.916	0.919	0.921
福　建	0.947	0.948	0.946	0.938	0.933	0.959	0.944	0.949	0.948	0.948	0.946
江　西	0.834	0.840	0.841	0.846	0.833	0.832	0.824	0.825	0.824	0.827	0.833
山　东	0.995	0.995	0.995	0.995	0.998	0.996	0.996	0.996	0.994	0.995	0.996
河　南	0.941	0.938	0.937	0.938	0.932	0.930	0.926	0.928	0.929	0.931	0.933
湖　北	0.969	0.968	0.967	0.965	0.966	0.966	0.966	0.968	0.969	0.969	0.967
湖　南	0.949	0.946	0.946	0.952	0.947	0.946	0.943	0.945	0.945	0.947	0.947
广　东	1.000	1.000	1.000	1.000	1.000	0.850	1.000	1.000	1.000	1.000	0.985
广　西	0.910	0.913	0.911	0.917	0.927	0.920	0.923	0.930	0.932	0.933	0.922
海　南	0.724	0.723	0.718	0.726	0.724	0.697	0.721	0.740	0.732	0.734	0.724
重　庆	0.878	0.885	0.885	0.890	0.896	0.900	0.909	0.899	0.919	0.927	0.899
四　川	0.989	0.991	0.992	0.992	0.997	0.996	0.996	0.997	0.996	0.997	0.994
贵　州	0.775	0.774	0.775	0.772	0.788	0.781	0.770	0.773	0.772	0.779	0.776
云　南	0.947	0.949	0.951	0.953	0.953	0.958	0.949	0.957	0.958	0.958	0.953
陕　西	0.909	0.907	0.906	0.910	0.913	0.908	0.902	0.902	0.901	0.898	0.906
甘　肃	0.806	0.802	0.801	0.805	0.824	0.822	0.814	0.816	0.823	0.823	0.814
青　海	0.639	0.654	0.647	0.644	0.659	0.685	0.695	0.723	0.714	0.741	0.680
宁　夏	0.658	0.652	0.652	0.652	0.652	0.652	0.652	0.652	0.652	0.652	0.653
新　疆	0.889	0.891	0.894	0.891	0.882	0.882	0.874	0.871	0.869	0.871	0.881
东　部	0.941	0.942	0.940	0.938	0.937	0.923	0.935	0.941	0.940	0.942	0.941
中　部	0.911	0.912	0.912	0.914	0.907	0.905	0.905	0.906	0.898	0.910	0.911
西　部	0.840	0.842	0.841	0.843	0.849	0.850	0.848	0.852	0.854	0.858	0.84
全　国	0.898	0.900	0.899	0.899	0.899	0.893	0.897	0.901	0.899	0.904	0.899

68

[①]资料来源于国家统计局网站。

从东、中、西三大地区的比较来看，东部地区文化产业投资纯技术效率均值为0.755，中部地区为0.608，而西部地区为0.772。这说明在变动规模报酬条件下，西部的文化产业投资效率要高于东部与中部。从其经济含义上来说，西部地区文化产业投资的制度和管理效率要高于东、西部。这种结果似乎有悖于常理。一般来说，经济越发达，地区制度与管理水平应该越高，但检验结果却与之相反。一种可能的原因是，相对于西部落后地区而言，东部、中部地区具有较高的文化产业投资水平，文化投资规模较高。当其投资规模达到一定程度时，制度和管理问题便会凸现。因此，与投资规模较小的西部地区比较而言，制度和管理问题可能是制约东、中部文化产业投资有效发展的重要因素。

表3.3显示了全国部分省（区、市）及东、中、西三大地区的规模效率情况。从表3.3可以看出，研究期内辽宁的规模效率值均为1，表明辽宁在既定投入水平下文化产业投资已达到最适规模。需要注意的是，此最适规模是一个相对规模，但不一定是最大规模，是相对于其它省份而言，规模具有适宜性。近年来，辽宁省文化产业发展迅速，其国有及民营文化产业均表现出良好的发展势态，特别是以"刘老根"大舞台为代表的民营文化集团亦取得了蓬勃的发展，在既定的投入水平下取得了良好的收益。上海、广东也在除2007年外的各期均处于最适规模。除少数省（区、市），如海南、贵州、青海和宁夏，其余省（区、市）均具有较高的规模效率，其均值都达到了0.8以上。全国规模效率均值亦达到了0.899，具有较好的水平。从表3.2及3.3的比较来看，各期省（区、市）的纯技术效率值均高于规模效率值。这种结果意味着，随着中国文化产业发展的不断壮大，投资规模也在不断扩大，规模经济性也在不断增强，但制度及管理问题却成为制约其有效发展的瓶颈。加强制度创新、改善管理效率是促进中国文化产业投资有效发展的重要途径。

69

第二节　文化产业投资效率动态变化

上文应用DEA方法对2002～2011年各期中国文化产业投资效率做了静态评价，下文将应用Malmquist生产率指数，对文化产业投资效率的动态变化做进一步测度，以揭示其规律。

一、方法与变量

Malmquist生产率指数是由Malmquist于1953年首先提出来的，后由Caves等人作为生产率指数予以使用。本书以中国30个省际区域为基本决策单元(Decision Making Unit, DMU)，采用由Fare等人提出的DEA‐Malmquist指数方法，通过构造每一时期的最佳实践前沿来度量各省（区、市）的技术效率变化和技术进步状况。

对于投入产出系统，假设有 n 个生产要素投入，m 个产出，投入集合为 $x \in R_+^n$，产出集合为 $y \in R_+^m$，S 为生产技术，θ 为达到生产前沿面时产出要素的增加比率，可定义产出距离函数为

$$D_o(x, y) = \inf\left\{: \theta(x, y/\theta) \in S\right\}. \tag{3.5}$$

根据Fare等人的研究，从 t 时期到 $t+1$ 时期，TFP变动的Malmquist指数可以表示成：

$$M_o^{t+1}(x^{t+1}, y^{t+1}, x^t, y^t) = \left[\frac{D_o^t(x^{t+1}, y^{t+1})}{D_o^t(x^t, y^t)} \frac{D_o^{t+1}(x^{t+1}, y^{t+1})}{D_o^{t+1}(x^t, y^t)}\right]^{\frac{1}{2}}. \tag{3.6}$$

式中：(x^t, y^t)，(x^{t+1}, y^{t+1}) 分别表示第 t 和 $t+1$ 期的投入产出向量，D_o^t 和 D_o^{t+1} 分别表示以 t 时期与 $t+1$ 时期的技术 S^t 和 S^{t+1} 为参照的距离函数。

式(3.6)可进一步分解为不变规模报酬假定下技术效率变化与技术变动的乘积

$$M_o^{t+1}(x^{t+1}, y^{t+1}, x^t, y^t) = \frac{D_o^{t+1}(x^{t+1}, y^{t+1})}{D_o^t(x^t, y^t)} \left[\frac{D_o^t(x^{t+1}, y^{t+1})}{D_o^{t+1}(x^{t+1}, y^{t+1})} \frac{D_o^t(x^t, y^t)}{D_o^{t+1}(x^t, y^t)}\right]^{\frac{1}{2}}. \tag{3.7}$$

式中，方括号外的项表示技术效率的变化(TEC)，TEC＞1表明前沿面下的决策单元向前沿面趋近，效率改善；而TEC＜1表明远离前沿面，效率退步。方括号里的项表示技术变动(TC)，

它是前沿面在区间 t 和 $t+1$ 变化的几何平均值，TC＞1表示生产可能性边界向外移动，即技术进步；反之，则技术退步。式中Malmquist指数中技术效率变化部分可进一步分解为变动规模报酬假定下纯技术效率变化和规模效率变化的乘积

$$\frac{D_o^{t+1}\left(x^{t+1},y^{t+1}\middle|C\right)}{D_o^t\left(x^t,y^t\middle|C\right)}=\frac{D_o^{t+1}\left(x^{t+1},y^{t+1}\middle|V\right)}{D_o^t\left(x^t,y^t\middle|V\right)}\left[\frac{D_o^{t+1}\left(x^{t+1},y^{t+1}\middle|C\right)}{D_o^t\left(x^t,y^t\middle|C\right)}\frac{D_o^t\left(x^t,y^t\middle|V\right)}{D_o^{t+1}\left(x^{t+1},y^{t+1}\middle|V\right)}\right]。\quad (3.8)$$

式中，第一项表示纯技术效率变化(PTEC)，第二项表示规模效率变化(SEC)。PTEC＞1表明变动规模报酬下效率改善；反之，则效率退步。SEC＞1表示相对于第 t 期，第 $t+1$ 期更接近固定规模报酬；SEC＜1则远离固定规模报酬。

根据式(3.6)、(3.7)和(3.8)，构造Malmquist指数需测算4个距离函数。假设有 K 个DMU，则第 k 个DMU的距离函数 $D_o^t(x_k^t,y_k^t)$ 可由式(3.9)所示的线性规划求得，其它3个距离函数可同理得到

$$[D_o^t(x_k^t,y_k^t)]^{-1}=\max\theta_k;\qquad s.t.\ \sum\lambda_k^t x_{k,n}^t\le x_{k,n}^t,\quad n=1,...,N;$$

$$\sum\lambda_k^t y_{k,m}^t\ge\theta y_{k,m}^t,\quad m=1,...,M;\quad\sum\lambda_k^t\le1,\ \lambda_k^t\ge0。\qquad (3.9)$$

动态评价时所使用的变量及数据来源与前文3.1.2完全一致，此处不再赘述。

二、结果分析

表3.4列出了30个省（区、市）2002～2011年的Malmquist生产率、技术效率变化、技术进步、纯技术效率变化和规模效率变化均值。从表3.4可以看出，2002～2011年间，中国文化产业全要素生产率的平均增长率为0.3%，这主要得益于技术的进步，平均增长0.2%。同时，技术效率也有一定的增长，平均增长0.1%。其中，规模效率平均增长9.5%，而纯技术效率出现负增长，平均增长率为-8.5%。因此，中国文化产业全要素生产率的整体提升，既有落后地区向先进地区学习与追赶效应，又有先进地区通过新创造和新发现带动增长效应，但技术进步是主要动力。中国文化产业技术效率虽有增长，但由于纯技术效率和规模效率相互抵消，导致了技术效率增长仅维持在0.2%的水平。由于管理及制度等问题的制约，中国文化产业的纯技术效率并不理想，纯技术效率下降限制了技术效率的全面提升，为了解决创新规模不断扩张带来的管理效率低下等问题，必须适当进行管理创新及制度变革。

表 3.4　历年全国文化产业 Malmquist 生产率指数及其分解指数表[1]

项目\年度	TFP	TEC	TC	PTEC	SEC
2003	0.986	0.998	0.989	0.996	1.002
2004	0.993	0.994	0.999	0.995	0.999
2005	0.991	1.003	0.988	1.003	1.000
2006	1.005	1.004	1.002	1.004	1.000
2007	0.111	0.952	0.116	0.958	0.994
2008	1.967	1.068	1.842	1.063	1.850
2009	1.003	0.999	1.004	0.995	1.004
2010	0.998	1.002	0.996	1.005	0.998
2011	0.976	0.986	0.989	0.98	1.007
全年均值	1.003	1.001	1.002	0.915	1.095

表 3.5　各地区文化产业 Malmquist 生产率指数及其分解指数表[2]

项目\地区	TFP	TEC	TC	PTEC	SEC	项目\地区	TFP	TEC	TC	PTEC	SEC
北　京	1.026	1.000	1.026	1.000	1.000	湖　南	1.004	1.000	1.004	1.000	1.000
天　津	0.996	0.998	0.998	0.998	1.000	广　东	0.983	1.000	0.983	1.000	1.000
河　北	1.004	1.000	1.004	1.000	1.000	广　西	1.003	1.005	0.998	1.002	1.003
山　西	0.999	1.000	0.999	1.001	0.999	海　南	0.995	1.001	0.994	1.000	1.001
内蒙古	1.009	1.000	1.009	0.998	1.002	重　庆	1.001	0.992	1.009	0.986	1.006
辽　宁	1.000	1.000	1.000	1.000	1.000	四　川	1.002	1.000	1.002	0.999	1.001
吉　林	1.002	1.003	1.000	1.002	1.001	贵　州	1.000	0.999	1.001	0.998	1.001
黑龙江	0.992	0.997	0.995	0.997	1.000	云　南	1.003	1.001	1.001	1.000	1.001
上　海	0.988	1.000	0.988	1.000	1.000	陕　西	1.005	1.000	1.005	1.001	0.999
江　苏	1.001	1.011	0.991	1.011	1.000	甘　肃	0.990	1.000	0.990	0.998	1.002
浙　江	0.990	0.996	0.994	0.995	1.001	青　海	1.014	1.010	1.004	0.994	1.017
安　徽	0.995	0.997	0.998	0.998	0.999	宁　夏	0.996	0.999	0.997	1.000	0.999
福　建	0.992	1.001	0.991	1.001	1.000	新　疆	0.999	1.000	0.999	1.002	0.998
江　西	1.000	1.000	1.000	1.001	0.999	东　部	0.998	1.001	0.997	1.000	1.001
山　东	1.002	1.000	1.002	1.000	1.000	中　部	1.010	1.001	1.008	0.747	1.282
河　南	0.996	1.000	0.996	1.001	0.999	西　部	1.001	1.001	1.001	0.998	1.003
湖　北	1.000	1.000	1.000	1.000	1.000	全　国	1.003	1.001	1.002	0.915	1.095

---

[1] 资料来源于国家统计局网站。

[2] 资料来源于国家统计局网站。

　　表3.5列出部分省（区、市）及东、中、西部三大经济区域平均Malmquist生产率指数及其分解指数。根据表3.5结果可知，全要素生产率在中、西部均表现出上升的态势，而在东部却表现出下降的态势。对比东、中、西部三大区域创新全要素生产率变动指数及其分解指数可看出：一方面，2002～2011年间，东部地区创新全要素生产率下降0.2%，其主要原因在于技术退步，平均衰退0.3%，而技术效率却正增长，平均增长0.1个百分点，且技术效率增长的原因在于规模效率的上升。东部地区中，天津、上海、浙江、福建等省（区、市）均表现出全要素生产率下降的趋势，且原因主要在于技术的退步。由于技术进步的经济含义主要体现在通过新发明和新创造所推动的前沿面技术移动，所以东部地区需加强文化产业领域的设备及技术创新，并以此带动全要素生产率的全面提升。另一方面，中、西部全要素生产率均显出正的增长态势。中部地区全要素生产率增长明显，平均增长1%，且增长主要源于技术进步。近几年，由于国家"西部大开发"、"中部崛起"等战略实施，国家投入大量财力、物力支持中部地区的经济建设，这在一定程度上促进了中部地区文化产业的繁荣。当然，从技术效率分解来看，这两个地区的规模效率虽然有所提升，但纯技术效率却表现出下降的态势，这些地区也应进一步加强制度建设与管理创新。

第三节　文化产业项目风险投资效率研究

一、风险投资对文化产业发展的促进作用

　　风险投资是指由职业金融家将风险资本投向新兴的迅速成长的有巨大竞争潜力的未上市公司（主要是高科技公司），在承担很大风险的基础上为投资人提供长期股权资本和增值服务，培育企业快速成长，数年后通过上市、并购或其它股权转让方式撤出投资并取得高额投资回报的一种投资方式[116]。风险投资基本特征主要有6个。

　　1. 风险投资是权益投资

　　风险投资不是借贷资本，而是权益资本。其着眼点不在于投资对象当前的盈亏，而在

于发展前景和资产增值，以便通过上市或出售达到蜕资并取得高额回报的目的。

2. 风险投资是无担保、高风险投资

风险投资主要用于支持刚刚起步或尚未起步的高技术企业或高技术产品。一方面，没有固定资产或资金作为抵押和担保；另一方面，技术、管理、市场、政策等风险都非常大，即使在发达国家高技术企业的成功率也只有20%～30%。但由于成功的项目回报率很高，故仍能吸引一大批投资人进行投机[117]。

3. 风险投资是流动性较小的中长期投资

风险投资往往是在风险企业初创时就投入资金，一般需经3～8年才能通过蜕资取得收益，而且在此期间还要不断地对有希望的企业进行增资。由于其流动性较小，有人称之为"呆滞资金"。

4. 风险投资是高专业化和程序化的组合投资

由于创业投资主要投向高新技术产业，加上投资风险较大，要求创业资本管理者具有很高的专业水平，在项目选择上要求高度专业化和程序化，精心组织、安排和挑选，尽可能降低投资风险。为了分散风险，风险投资通常投资于一个包含10个项目以上的项目群，利用成功项目所取得的高回报来弥补失败项目的损失并获得收益。

5. 风险投资是投资人积极参与的投资

风险资金与高新技术构成了推动风险投资业前行的两大车轮，二者缺一不可。风险投资家（公司）在向风险企业注入资金的同时，为降低投资风险，必然介入该企业的经营管理，提供咨询，参与重大问题的决策，必要时甚至解雇公司经理，亲自接管公司，尽力帮助该企业取得成功。

6. 风险投资是追求超额回报的财务性投资

风险投资在中国发展已有20多年的历史，大体分为四个阶段：第一个阶段是1985～1997年，大多数人都还不了解风险投资；第二个阶段是1998～2000年，随着新浪、搜狐、网易的出现，很多企业开始了解并涉足风险投资；第三个阶段是2001～2003年，网络经济遭遇低潮，风险投资在全球也包括中国开始变得更为谨慎；第四个阶段是2004年到现在，首先是美国搜索引擎巨头Google在2004年上市，引发了网络IT业和风险投资业的又一个全球性热潮。在中国，随着"携程网"等多家网络公司在美国"纳斯达克"成功上市，风险投资在逐步成熟的过程中也步入了高潮期。目前，中国的风险投资业已经形成了年投资额250亿人民币左右的规模。风险投资是以追求超额利润回报为主要目的的一种投资行为，投资人并不以在某个行业获得强有力的竞争地位为最终目标，而是把它作为一种实现超额回报的手段。因此，风险投资具有较强的财务性投资属性。多数学者研究成果认为，文化产业投资形式包括产业投资和风险投资。产业投资指对有市场前景的文化经营项目进行投资，在文化产品和服务通过市场出售之后，获得投资回报。它看重的是迅速扩大市场占有率和销售后产生的利润，是一种基于价值理念的投资，具有长期性。风险投资与产业投资不同，是对文化单位的营利和管理能力进行投资，通过证券市场和产权交易市场出售股权，或者自行转让股权后，实现投资的盈利。它看重的是资本的快速扩张和市值的提升。

风险投资在近几年对文化产业有高度偏好是因为文化产业具有较高的成长性。同时，它又以人的精神创造力为基础，属于人力资源密集型产业。尤其是近几年兴起的以互联网为代表的新兴文化产业，更是将创业者的智慧发挥到了极致。而风险投资作为一种新兴的投资方式，改变了以往资本雇佣劳动的关系，更多地表现为劳动雇佣资本的关系，创业者凭借智慧与资本合作。作为典型的以精神创造力为核心的文化产业来说，对创新性的要求远远高于其它产业，面临的风险也高于其它产业。1998年，摩根斯坦利《全球投资报告》中对11种产业中的企业成长为世界级有竞争力的大企业所需年限作了研究，发现传媒产业所需年限为8年，远远快于医药、日常消费品、银行、电力、能源和建筑等产业[118]。而对于以互联网为代表的新媒体来说，8年也许还是一个过长的时间，如"盛大传媒"的成长期就远远低于这个时间。目前，美国的文化产业风险投资已经形成了一个由风险资本家、风险投资家、各种中介机构组成的高效运作的系统，文化企业具有较强的市场意识，善于通过资本市场为自己的新产品、新技术寻找资金支持。同时，也通过投资人的职业眼光检验自己的创新设想，保证创新型文化企业能够比较健康、快速地发展。

风险投资者考察文化企业，最主要是看这个企业是否具有高成长性，其次才看退出机制是否合理。在很多情况下，风险投资最看重的是这个公司是否有机会上市。因此，在中国运作的风险投资不少集中于以互联网为代表的新媒体行业，其次是电影业。这也是中国新媒体行业和电影业国际化水准较高的主要原因。与1998～1999年风险投资企业更愿意做前期投资不同的是，2005年以来，70%～80%的风险投资都集中在中后期，希望以此来规避风险。而这将使自主创新面临市场失灵的风险，引入风险投资的初衷也被改变，对成功商业模式"跟风式"地复制则成了一种典型的发展策略，并且蔓延到整个文化产业领域。

二、文化产业风险投资决策分析

1. 熵权概念

在实际文化产业投资过程中，由于项目的复杂性和不确定性，普遍采用专家多指标综合评价法。通过评价尽可能多的相关影响因素、利用多种评价工具(模型)，全面综合各方面专家意见，以达到尽可能科学、客观的目的。最后由投资决策委员会(决策者)决策。在项目评价中，经常要考虑每个评价指标的相对重要程度，表示重要不重要最直接、最简便的方法是给各个指标赋予权重(权系数)。按照熵理论的研究结论，决策者在决策中获得信息的多少是决策精度和可靠性大小的决定因素之一，而熵在应用于不同决策过程的评价或方案效果的评价时，是一个理想的尺度。

①**熵的定义**。设有 m 个特评价对象、n 个评价指标的评价问题中，利用专家打分法按照定性与定量相结合的原则取得多对象关于多指标的评价矩阵 R^1

$$R^1 = \begin{pmatrix} r_{11}' & r_{12}' & \cdots & r_{1n}' \\ r_{21}' & r_{22}' & \cdots & r_{2n}' \\ M & M & M & M \\ r_{m1}' & r_{m2}' & \cdots & r_{mn}' \end{pmatrix} 。 \tag{3.10}$$

对式（3.10）按照式（3.11）进行标准化处理后可得式（3.12）。

$$r_{ij} = \frac{r_{ij}' - \min\{r_{ij}'\}}{\max\{r_{ij}'\} - \min\{r_{ij}'\}}; \tag{3.11}$$

$$R = (r_{ij})_{m \times n} = \begin{pmatrix} r_{11} & r_{12} & \cdots & r_{1n} \\ r_{21} & r_{22} & \cdots & r_{2n} \\ M & M & M & M \\ r_{m1} & r_{m2} & \cdots & r_{mn} \end{pmatrix} 。 \tag{3.12}$$

式中 $r_{ij} \in [0,1]$。

设在有 m 个待评价方案，n 个评价指标的评价问题中，第 j 个评价指标的熵 H_j 定义为

$$H_j = -K\sum_{i=1}^{m} f_{ij} \ln f_{ij}, \qquad j = 1, 2, \ldots, n 。 \tag{3.13}$$

式中
$$f_{ij} = \frac{r_{ij}}{\sum_{i=1}^{m} r_{ij}} ; \tag{3.14}$$

$$K = \frac{1}{\ln m} 。 \tag{3.15}$$

②**评价指标的熵权**。在有 m 个被评价方案，n 个评价指标的评价问题中，第 j 个指标的熵权 d_j 定义为

$$d_j = \frac{1 - H_j}{n - \sum_{j=1}^{n} H_j} 。 \tag{3.16}$$

根据相关文献总结，熵权具有如下性质：一是各被评价对象在指标 j 上的值完全相同时，熵值达到最大值上，熵权为 0，这也意味着该指标向决策者未提供任何有用信息，该指标可以考虑取消。二是当各被评价对象在指标 j 上的值相差较大，熵值较小，熵权较大。说明该指标向决策者提供了有用信息。同时，在该问题中，各对象在该指标上有明显差异，应重点考虑。三是指标的熵越大，其熵权越小，该指标越不重要。而且满足

$$\sum_{j=1}^{n} d_j = 1, \qquad 0 \leq d_j \leq 1 。 \tag{3.17}$$

四是作为权数的熵权，具有特殊意义。它并不是在决策或评价问题中某指标的实际意义上的重要性系数，而是在给定评价对象集合后，各种评价指标值确定的情况下，各指标在竞争意义上的相对激烈程度的系数。五是作为决策者提供信息的角度考虑，它代表该指标在该问题中，提供有用信息量的多寡程度。六是熵权的大小与被评价对象有直接关系。当评价对象确定后，再根据熵权对评价指标进行调整、增减，以利做出更精确、可靠的评价。同时，也可以利用熵权对某些指标评价值的精度进行调整，必要时重新确定评价值和精度。

2. 熵权法在评价中的运用

大多数决策是在有风险和随机性的情况下进行的。本节将给出一种在方案进行评价、排序分析中，由提供信息的加权量来对风险进行度量的方法，该方法可以用来对评价方法的风险进行评价，或者对被评对象之间的优劣差异程度（竞争度）进行评价。该方法主要基

于以下思路，在进行多目标决策（或多指标评价）时，首先由专家法确定各指标（目标）的权数 ϖ，并构出评价矩阵，从而求出各指标的熵权 d。如果某指标 ϖ 大而对应的 d 小，则说明重要的属性值接近，各评价对象在重要性质方面接近，不相上下，谁都不占据绝对优势，竞争较激烈。提供给决策者的信息少，因而基于该指标的评价风险相对较大。相反，如果某指标 ϖ 大而对应的 d 也大，则提供信息较多，表征出该指标比较重要，且各对象在该指标有较大差距，竞争不很激烈，因而基于该指标的评价风险相对较小，做出判断相对较容易些。基于这个思想，建立如下评价的风险（竞争度）度量模型。

在有 m 个被评价对象，n 个评价指标的评价问题中，评价风险 R 可以按下式计算

$$R = \sum_{j=1}^{n} \varpi_j' H_j \text{。} \tag{3.18}$$

式中：ϖ_j' 为第 j 个评价指标专家权数；H_j 为第 j 个评价指标的熵；n 为评价的指标个数。

按式 (3.18) 得出的风险数 R 具有如下性质：一是 $R \in [0, 1]$。二是当 R 非常小（接近于 0）时，表明该评价问题几乎是肯定的，几乎没有任何风险可言。三是当 R 达到最大值 1 时，表明该评价问题是在拥有最小信息量情况下进行评价，这时所有的 $H_j = 1$，即所有的对象的各指标相同，做出任何的排序都具有很大风险，这时必须重新获取信息，有效的方法是增加新的指标或将指标进一步分解、细化。如评选优秀企业或个人时，所有对象的所有指标值都相等，这时在获取新信息前做决策，风险最大。平时所谓的竞争激烈就是这样，此时一旦做出评价，必然引起争端。因此，必须重新增加评价指标，找出被评价对象的差异。四是设两个评价问题的风险分别是 R_1 和 R_2，如果 $R_1 > R_2$ 则表明问题 1 提供给决策者的信息量少于问题 2，做出决策的风险也大于问题 2，决策的可靠性差些。

3. 熵权法在文化产业投资风险决策模型中的应用

目前，关于权重的确定通常有两种方法，主观赋权法和客观赋权法。前者是由评价人员根据主观上对各指标的重视程度来决定权重的一种方法，常见的有专家调查法、循环打分法、一项系数法和AHP法等；后者是指利用指标值所反映的客观信息来确定权重的一种方法，其原始数据由各指标在被评价对象中的实际数据形成，常见的有均方差法、熵值法等。这两类方法各有优缺点，主观赋权法解释性较强，但客观性较差，有时会与各指标的实际重要程度相悖；客观赋权法确定的权重虽然大多数情况下客观性较强，但解释性较差，

对所得的结果难以给出明确的解释。基于上述原因，近年来人们提出了综合主、客观赋权法的组合赋权法。对于文化产业投资项目风险决策问题，决策者不但希望收益最大，而且也希望风险最小，标准离差最小，因此投资项目风险决策可化为多目标决策问题。不失一般性，设初期共有可投资项目 m 个，评价指标 n 个，按照专家法得到这些指标的权重为 ω_j，构造指标水平矩阵 R，其元素 r_{ij} 为第 i 方案第 j 指标水平，并假定 R 已进行 r 标准化外理，则

$$R = \begin{pmatrix} r_{11} & r_{12} & \cdots & r_{1n} \\ r_{21} & r_{22} & L & r_{2n} \\ M & M & M & M \\ r_{m1} & r_{m2} & \cdots & r_{mn} \end{pmatrix} 。 \tag{3.19}$$

依熵权定义可以算出第 j 个指标的熵权 d_j，结合 ω_j 最后得到关于指标的综合权数 λ_j

$$\lambda_j = \frac{\omega_j d_j}{\sum\limits_{j=1}^{n} \omega_j d_j} 。 \tag{3.20}$$

将可行性方案集映射到"距离" L 空间，求出偏差的综合

$$L_p(\lambda, i) = \left| \sum_{j=1}^{n} \lambda_j^p \left(1 - r_{ij}\right)^p \right|^{\frac{1}{p}} 。 \tag{3.21}$$

在进行优序评价中，如只重视偏差的总和，可取 $p = 1$，得

$$L_1(\lambda, i) = 1 - \sum_{j=1}^{n} \lambda_j r_{ij} 。 \tag{3.22}$$

显然，"距离"小者更接近理想方案，按照 L 由小到大进行排序，供决策者参考。排序后，有时还不能确定有几个项目可以投资，为此可以建立0-1规划模型。

设变量 $x_i = 0$ 或 1，当 $x_i = 0$，表示第 i 个投资项目不投资；当 $x_i = 1$ 时，表示第 1 个投资项目为投资项目。则目标函数为

$$\min \sum_{i=1}^{m} L(i) x_i ;$$

$$\text{s.t.} \begin{cases} \sum_{i=1}^{m} S_{ij} x_t \leq S_j, \ j=1,2,\ldots,k \ ; \\ \sum_{i=1}^{m} T_{ij} x_t \geq T_j, \ j=1,2,\ldots,l \ 。 \end{cases} \tag{3.23}$$

式中：$L(i)$ 为第 i 个方案的"距离" S_{ij} 为第 i 个投资项目对第 j 种资源的需求；S_j 为第 j 种资源的总供给，共有 k 种资源；T_{ij} 为第 i 个投资项目的第 j 种期望收益；T_j 为第 j 种收益最低限，共有 i 种收益。

在应用中，把资源和期望利润代入约束条件中求解此0-1规划。当 $x=1$ 时，则第 i 个项目投资；当 $x=0$ 时，则第 i 个项目不宜投资。为便于理解，现在应用上述熵决策模型来解决文化产业投资中决策不一致的问题。假设有文化产业投资方案1、2和3，投资总额和项目周期相同，采用期望值原则、方差原则和标准离差率原则，其计算结果如表3.6。

表 3.6　三种原则下的计算结果表

k	$E(NPV)$	$D(NPV)$	$V(NPV)$
1	108	48	0.064
2	100	30	0.055
3	90	38	0.068

由表3.6可知，根据期望值最大原则，选方案1；根据方差最小原则，选方案2；根据标准离差率最小原则，选方案2。对于在按照期望值原则、最小方差原则和标准离差率原则选择结论不一致情况下如何权衡，就这一问题提出一种基于熵的概念的方法，以期解决这种不同方法导致决策不一致的问题。首先，根据式(3.10)得到多目标评价矩阵 R^1

$$R^1 = \begin{pmatrix} 108 & 48 & 0.064 \\ 100 & 30 & 0.055 \\ 90 & 38 & 0.068 \end{pmatrix} 。$$

然后，根据式(3.11)进行标准化处理，得到标准化矩阵 R

$$R = \begin{pmatrix} 1 & 0.444 & 0.00008 \\ 0.926 & 0.277 & 0 \\ 0.833 & 0.352 & 0.00012 \end{pmatrix} 。$$

根据式（3.15）和（3.14），求 K 与 f_{ij}。

$$K = \frac{1}{\ln 3} = \frac{1}{1.0986} = 0.9102 ；$$

$$f_{11} = \frac{r_{11}}{\sum_{j=1}^{n} r_{ij}} = \frac{1}{2.759} = 0.3625 。$$

同理，$f_{21} = \dfrac{0.926}{2.759} = 0.3356, f_{31} = \dfrac{0.833}{2.759} = 0.3019 ,$

$$f_{12} = \frac{0.444}{1.073} = 0.4138, f_{22} = \frac{0.277}{1.073} = 0.2582 ,$$

$$f_{32} = \frac{0.352}{1.073} = 0.3281, f_{13} = \frac{0.00008}{0.0002} = 0.4 ,$$

$$f_{23} = \frac{0}{0.002} = 0, f_{33} = \frac{0.00012}{0.0002} = 0.6 。$$

然后再由式（3.13）计算指标的熵 H_1, H_2 和 H_3。

$$\begin{aligned} H_1 &= -0.9102 \times \left(f_{11} \ln f_{11} + f_{21} \ln f_{21} + f_{31} \ln f_{31} \right) \\ &= -0.9102 \times \left(0.3625 \ln 0.3625 + 0.3356 \ln 0.3356 + 0.3019 \ln 0.3019 \right) \\ &= 0.9974 。 \end{aligned}$$

同理，

$$H_2 = -0.9102 \times \left(f_{12} \ln f_{12} + f_{22} \ln f_{22} + f_{32} \ln f_{32} \right) = 0.9834 ；$$

$$H_3 = -0.9102 \times \left(f_{13} \ln f_{13} + f_{23} \ln f_{23} + f_{33} \ln f_{33} \right) = 0.6126 。$$

接着根据式（3.16），求得指标的熵权 d_1, d_2, d_3。

$$d_1 = \frac{1 - H_j}{3 - \sum_{j=1}^{3} H_j} = \frac{1 - H_1}{3 - \left(H_1 + H_2 + H_3 \right)} = \frac{1 - 0.9974}{3 - 2.5934} = 0.0064 ；$$

$$d_2 = \frac{1 - H_2}{3 - \sum_{j=1}^{3} H_j} = \frac{1 - 0.9834}{0.4066} = 0.0408 ；$$

$$d_3 = \frac{1-H_3}{3-\sum\limits_{j=1}^{3}H_j} = \frac{1-0.6126}{0.4066} = 0.9528 \text{。}$$

设代表决策者经验判断能力的权值为 $\omega_1 = 0.5, \omega_2 = 0.3, \omega_3 = 0.2$。

根据式（3.20），可求出适用权值 $\lambda_1, \lambda_2, \lambda_3$。

$$\lambda_1 = \frac{\omega_1 d_1}{\sum\limits_{j=1}^{3}\omega_j d_j} = \frac{0.5 \times 0.0064}{0.5 \times 0.0064 + 0.2 \times 0.0408 + 0.3 \times 0.9528} = 0.0108 \text{；}$$

$$\lambda_2 = \frac{0.2 \times 0.0408}{0.2972} = 0.0275 \text{；}$$

$$\lambda_3 = \frac{0.3 \times 0.9528}{0.2972} = 0.9618 \text{。}$$

再由式（3.22），求得海明距离 $(p=1)$ 为

$$L_1(\lambda,1) = 1 - \sum\limits_{j=1}^{n}\lambda_j r_{1j} = 1 - (\lambda_1 r_{11} + \lambda_2 r_{12}\lambda_3 r_{13})$$

$$= 1 - (0.0108 \times 1 + 0.0275 \times 0.444 + 0.9618 \times 0.00008) = 0.9769 \text{；}$$

$$L_1(\lambda,2) = 1 - (\lambda_1 r_{21} + \lambda_2 r_{22}\lambda_3 r_{23})$$

$$= 1 - (0.0108 \times 0.926 + 0.0275 \times 0.277 + 0.9618 \times 0)$$

$$= 0.9824 \text{；}$$

$$L_1(\lambda,3) = 1 - (\lambda_1 r_{31} + \lambda_2 r_{32}\lambda_3 r_{33})$$

$$= 1 - (0.0108 \times 0.833 + 0.0275 \times 0.352 + 0.9618 \times 0.00012)$$

$$= 0.9812 \text{。}$$

根据距离小者更接近理想方案的原则。由于 $L_1(\lambda,1) < L_1(\lambda,3) < L_1(\lambda,2)$，所以最优方案为方案1。这就解决了应用不同指标所得的文化产业投资风险决策不一致的问题。

第四章　文化产业投资机制存在的问题和
国外经验借鉴

本章旨在分析中国文化产业投资机制存在的问题，并通过对国外文化产业投资机制进行较为详细的介绍与分析，为创新文化产业投资机制提供借鉴。

第一节　文化产业投资机制存在的问题

针对中国文化产业投资现状，借鉴国外尤其是美国等文化产业投资的成功经验，中国要解决文化产业投资不足的问题，必须建立以政府投入为导向、以文化单位投入为主体、以非公有资本和外资投入为重要组成部分、以金融机构投入为补充的"投资准入区别化、投资主体多元化、投资方式多样化、投资机制市场化"的文化产业投资新机制。对照这一新机制，可以发现中国文化产业投资机制目前存在的主要问题是：文化企业股权结构单一，缺乏多样性；相关投资缺乏法律保障，很多文化产业投资领域是法律或政策的盲点；文化产业行业投资缺乏专职监管；知识产权保护问题一直没有根本解决；文化产业领域几乎全是通过最终的流通渠道获利，投资人资本收益退出渠道单一，利税流失严重；文化产业领域整体上仍然处于以国有机构投资为主、市场化程度较低、产业集中度偏小的初级阶段，基本不具备产业化的规模效应等。

一、政府投入不足

在文化产业投资中，政府投入应起主导作用。2012年，美国联邦政府、州政府、地方政府等共向文化产业领域投入451.9亿美元，按3.013亿人口计算，政府向文化产业人均投入149.98美元（约合人民币1124.88元）；加拿大联邦政府、省级政府、市级政府等向文化产业领域投入42.17亿加元，按3200万人计算，政府向文化产业人均投入131.78加元（约合当时人民币856.56元）；澳大利亚联邦政府、州政府、地方政府等共向文化产业领域投入40.67亿澳元，按2956万人计算，澳大利亚政府向文化产业人均投入137.6澳元（约合当时人民币825.6元）。[①]三国政府对文化产业领域或文化部门的资金投入量、人均投入量都比较大，并且投资重点突出，投资效果明显。中国政府对文化产业领域的投入明显不足。2012年，国家、省（区、市）、市（州）、县（市、区、旗）四级政府共向文化产业领域投入136.17亿元，按13.2亿人计算，全国人均文化产业投入仅为10.32元（美国约为中国的109倍、加拿大约为中国的83倍、澳大利亚约为中国的80倍）。[②]以东部经济发达地区的江苏、山东和广东三省为例（表4.1），三个省的文化产业投入虽然2006～2012年总体上呈增长趋势，但是它们在财政预算总支出中的比重却并不高。山东省2006～2012年文化产业投入占财政预算总支出比重甚至出现下降趋势。江苏、广东两省文化产业投入情况与山东较为相似，投资总量呈现增长态势，但是在财政预算中的比例却在下降。东部经济发达地区的这三个省份对文化产业投资尚且如此，其它省（区、市）的情况就更不容乐观了。

二、外资利用不多

中国加入WTO后，投入文化产业领域的外资明显增多，尤其是投入图书发行和音像制品等行业的外资迅速增多。但是文化产业利用外资水平与其它产业利用外资水平相比，仍然还比较低。主要表现在：一是从数量看，外资在文化产业投资中所占比例很低。据国家统计局统计数据显示，2012年全国文化及相关产业实现增加值6123亿元，其中外资（包括港、澳、台投资）实现增加值仅占全部增加值的14.2%；全国文化产业从业人员是1432万

[①] 数据来源于国家统计局网站。

[②] 数据来源于国家统计局《中国统计年鉴》（2012年），北京：中国统计出版社。

表 4.1　2006～2012 年江苏、山东、广东三省政府对文化产业的投入情况表[①]

年份	文化产业投入 (亿元)			财政预算总支出 (亿元)			文化产业投入占财政预算总支出比例(%)			人均文化产业投入 (元/人)		
	江苏	山东	广东	江苏	山东	广东	江苏	山东	广东	江苏	山东	广东
2006	5.6	4.2	8.9	730	754	1321	0.77	0.56	0.68	7.6	4.7	11.5
2007	6.6	4.8	10.8	860	861	1521	0.77	0.56	0.71	8.9	5.3	13.8
2008	8.3	5.4	13.2	1048	1009	1695	0.79	0.53	0.78	11.2	5.9	16.6
2009	8.3	5.9	14.5	1297	1189	1853	0.64	0.50	0.78	11.2	6.3	17.5
2010	7.8	6.2	12.8	1848	1652	2287	0.42	0.37	0.47	10.4	6.7	13.9
2011	10.4	7.7	15.2	2032	2119	2524	0.51	0.38	0.60	13.83	8.26	16.35
2012	11.2	9.3	17.6	2445	2262	2765	0.46	0.41	0.63	14.66	9.9	18.54

人，其中外资文化企业从业人员仅占全部从业人员的8.5%[119]。文化市场（文化部门所管辖的范围）所有制构成中，就经营单位、从业人员和增加值而言，国有经济分别为6.7%、15.5%、22.9%；集体经济分别为22.4%、28.3%、20.3%；私营经济分别为4.0%、5.9%、4.4%；个体经济分别为62.1%、35.1%、30.7%；联营经济分别为2.5%、2.5%、3.9%；股份制经济分别为1.1%、4.2%、5.2%；外商投资和港澳台投资分别为1.0%、7.5%、11.5%；其它经济分别为0.2%、1.0%、1.1%。[②]不难看出，个体经济在文化市场中占主导地位，外资投资量非常小。二是从规模看，外资投资规模普遍较小。据国家统计局统计数据显示，2012年中国文化产业企业机构中，内资机构实收资本为459.22亿元，外资机构为12.11亿元，外资机构相当于内资机构的2.64%；内资机构利润为125.49亿元，外资机构为0.03985亿元，外资机构相当于内资机构的0.03%；内资机构年末固定资产原值为1444.85亿元，外资机构为13.83亿元，外资机构相当于内资机构的0.96%；内资机构增加值为385.03亿元，外资机构增加值为3.9亿元，外资机构相当于内资机构的1.01%。2012年文化娱乐业机构中，内资机构为13

85

[①]数据来源于国家文化部网站和江苏、山东、广东三省财政厅网站。
[②]数据来源于国家统计局《中国统计年鉴》(2012 年)，北京：中国统计出版社。

万个，外资机构为905个，外资机构相当于内资机构的0.07%；从业人员，内资机构为63万人，外资机构为4万人，外资机构为内资机构的6.3%；固定资产原值，内资机构为400亿元，外资机构为41亿元，外资机构相当于内资机构的10%；增加值，内资机构为73亿元，外资为5亿元，外资机构相当于内资机构的7.1%。[①]从2012年全国文化市场其它经营情况来看，内资机构数为10万个，外资为77个，外资机构相当于内资机构的0.08%；从业人员，内资机构为25万人，外资机构为976人，外资机构相当于内资机构的0.4%；固定资产原值，内资机构为76亿元，外资机构为20144千元，外资机构相当于内资机构的0.26%[120]。三是从行业分布看，外资相对集中在文化娱乐、电影电视、音像制品等领域，并且这些领域的投资和经营规模普遍较小。据国家统计局统计数据显示，2012年中外合作的音像制品14种，占全部音像制品的0.01%；录音带2.7万盒，占全部录音带的0.05%；电视片制作8部，200多集，占全部电视片的0.03%。因此，文化产业利用外资相对于中国整体利用外资而言，尚处于非常滞后的状态，无论是外资数量和经营规模，还是行业分布，都存在很大差距。

三、投资渠道不畅

文化产业的投资渠道总体上可以分为国有文化企业（政府）投资、非公有文化企业投资、外资投资和社会捐赠等。长期以来，文化被认为是纯粹的公益部门而由政府财政包办，这种体制使得投资渠道过于单一、狭窄，只讲投入不讲产出，许多重大的文化基础设施由于缺乏资金，建设受到严重限制。而另一方面，由于我国的文化产业大多实行"出身"准入制。即只有是"我们部门"、"我们行业"、"我们地区"以及全民所有制的企业才能优先进入市场，这就把部门出身、行业出身、地域出身和所有制出身变成了文化市场准入的条件，由此导致民间资本的产业进入壁垒比较高，使得社会上的闲散资金难以向文化产业靠拢，亟需资本扶持的文化项目又只能"望梅止渴"。而外资由于在文化的市场准入方面受到限制，其资本进入也受到了很大控制。

四、投资效率低下

随着中国促进文化产业发展政策的不断出台和完善，越来越多的经营主体进入文化产

[①]数据来源于国家统计局《中国统计年鉴》（2012年），北京：中国统计出版社。

表4.2　1993～2002年全球最卖座电影票房统计表[①]

年份	电影名称	票房收入(亿美元)
1993	Jurassic Park	9.201
1994	The Lion King	7.669
1995	Die Hard，With a Vengeance	3.650
1996	Independence Day	8.123
1997	Titanic	18.351
1998	Armageddon	5.546
1999	The Phantom Menace	9.231
2000	Mission: Impossible 2	5.654
2001	Harry Potter	9.667
2002	Spider Man	8.217

业领域，大大促进了文化产业发展。但与西方发达国家相比，国内的经营主体在文化产业领域的投资效率普遍不高。以电影产业为例，美国的电影公司大部分集中在洛杉矶市的好莱坞地区，并且好莱坞已经成为美国影片的代名词。为追求票房价值，好莱坞大公司投入巨资制作影片，以吸引观众，并取得良好的经济效益。1993～2002年每年全球最卖座电影票房统计表（表4.2）来看，每年位居第一位的都是美国电影，并且都取得很高的收益，尤其是1997年《Titanic》影片的收益高达18.351亿美元。与美国相比，中国电影业起步较晚，投资效率低，市场低迷。以国家统计局2007年统计数据为例，中国电影票价比20年前涨了80多倍，当年中国电影票房总额为25.7亿元，而20年前当电影票价为3角时，全年放映收入就已达7亿元[121]。

据2013年全球电影市场数据显示，电影票房在2013年达到了359亿美元(约合2230亿人民币)，全球银幕数135000块。中国的银幕数是18195块，占全球总数的13.5%。2013年3D电影的北美票房下降了1%，但全球票房上升了1%。和其它产业相比，电影产业的产出并不

---

① 资料来源于 http://www.upweb.net。

算高。占世界人口总数仅5%的美国(3.53亿人口)和加拿大(0.34亿人口)，年电影票房产出109亿美元，约占到全球市场的30.36%；票房居全球第二的中国，年票房36亿美元(约合218亿人民币)，约占全球市场份额的10%，飞速超越了第三名日本的24亿美元，但和第一名还是有相当差距。2009年，中国的电影票房只有62亿人民币(不到10亿美元)。然而，按年人均票房计算，澳大利亚人最爱看电影，2300万人口，票房竟达11亿美元，人均年票房近48美元，而北美人均年票房是30.88美元，在全球居第二。接下来是韩国、英国、法国、瑞士、瑞典、荷兰和德国。在票房居前21位的国家和地区里，中国年人均票房倒数第二，印度垫底。值得关注的是，中国的票价并不便宜，在全球市场都算前列，这说明中国人还远不算是爱进电影院看电影的观众群。

五、核算单位界限不清

社会各界捐资兴建各类非营利性文化项目，既是非公有资本回馈社会，体现自身社会价值的重要途径，也是扩大社会影响、增加企业或个人知名度的重要方式。国办发〔1996〕37号和国办发〔2006〕43号文件规定，社会力量凡是捐赠国家重点交响乐团、芭蕾舞团、京剧团和其它民族艺术表演团体，公益性的图书馆、博物馆、美术馆、革命历史纪念馆、科技馆，重点文物保护单位，文化行政管理部门所属的非生产经营性的文化馆或群众艺术馆接受的社会公益性活动、项目和文化设施，经税务机关审核后，纳税人缴纳企业所得税时，在年度应纳税所得额10%以内的部分，可在计算应纳税所得额时予以扣除；纳税人缴纳个人所得税时，捐赠额未超过纳税人申报的应纳税所得额30%的部分，可从其应纳税所得额中扣除。这两个政策极大地调动了社会各界捐资兴建各类非营利性的公益性文化项目的积极性，捐赠数额大幅增长[122]。但在捐赠过程中，操作者发现对应具体项目和单位时，非营利性和营利性文化项目的界限是不清晰的。如电视台、广播电台和报社，既有非营利性的公共宣传和娱乐内容，又有广告等营利性的内容。为进一步拓宽文化产业投资渠道，一方面，要鼓励社会各界参与非营利性公益性文化项目建设和营利性文化产业发展，进一步提高对捐赠者应纳税所得额的扣除比例，形成国家、地方和社区的非营利性公益性文化项目以国家投资为主体、社会资金广泛参与捐赠的多元资金筹措机制[123]；另一方面，又要加快文化体制改革的步伐，明确区分非营利性和营利性单位的界限，以便社会捐赠减免税操作。

六、投资方式不合理

近年来，我国政府的直接财政拨款和一些文化经济优惠政策给予文化产业发展以很大的助力。"十二五"期间，全国文化、文物、广播电影电视和新闻出版事业财政经费投入大幅增长，如文化事业费财政拨款年均增长 14.96%。但是对一些产业或项目的资金投入上缺乏明晰的终端目的性，往往造成投入和产出不相协调，在根本上仍然是一种事业型投入方式，而非推动文化产业发展的市场化投资方式。此外，我国文化产业的金融介入程度较低，在融资手段上比较原始，即以资金方式投入为主，缺乏现代化的筹资方式，如通过股票、债券等方式筹措资金。

七、担保制度缺失

具体的文化产业投资项目实施单位在产业开发、研制、生产等活动中，需要大量资金，自己无力解决。银行等金融部门出于风险考虑，要求提供第三方担保时，就必须由政府组建的文化产业担保机构来承担信用担保。目前，中国的文化产业信用担保法规体系不完善，信用担保制度没有确立。组建文化产业担保机构，服务文化产业发展，是文化产业投资机制创新必不可少的组成部分。政府要积极培育文化产业投资信用担保服务中介，完善文化产业投资信用担保服务中介体系。对现有的文化产业投资咨询、评估、会计、法律、审计、设计、监理、招标代理机构等中介服务机构，要加强指导、监督，促使它们通过竞争，提高文化产业投资整体服务水平。

第二节　国外文化产业投资机制研究

西方经济发达国家发展文化产业起步较早，速度较快，规模较大，并积累了丰富的文化产业投资经验。从经济资助形式来看，西方国家对文化产业投资的形式主要有：一方面，政府财政直接对技术创新项目进行补助，补助的对象主要是政府和大学的研究机构、企业的重大技术创新项目等。另一方面，通过银行对高科技项目发放优惠贷款。通过政府或政策性银行，以低于商业银行的利率向企业技术研究开发活动提供贷款。从文化产业投资环境来说，西方国家文化产业投资背景是私有制的经济环境，投资主体是独立的经济实体，各自为投资决策负责。从文化产业投资制度来说，西方国家大多是在自由市场经济的环境中产生的，在私有制条件下各投资主体经过自由竞争，实现各自的投资目标。综合来看，西方国家的文化产业投资机制有不少长处，但也有一些短处，如西方国家政府直接参与文化产业投资活动，垄断了投资机会，承担了风险和无限责任等。西方国家文化产业投资机制虽然有其不可避免的缺点，但在许多经验仍对我国文化产业投资具有积极的参考意义。

一、国外文化产业投资机制概述

1. 政府重视

西方发达国家拥有雄厚的资金实力，政府非常重视文化产业发展，并对文化产业投入很大，这是中国无法比拟的。美国2012年的艺术投资经费总额达475.83亿美元。其中，政府直接资助290.96亿美元。[①]而中国同期文化产品、广播电视、出版业等财政经费总计为109.66亿元，[②]尚不及美国仅在艺术领域的投资。加拿大努力扩大和占领文化市场，在连年削减联邦预算的情况下，却不断增加对文化产业的投入。如为支持电影业发展，2002年投资2亿加元，建立了故事片生产和发行基金，并对投资电影业的公司实行一定程度的减免税政策等。法国政府非常重视文化基础设施建设，每年拨款几十亿法郎，发展文化产业。这些资金先由政府拨给文化部门，再由文化部门分配给各施工项目。韩国近几年来文化产业迅猛发展，主要得益于政府巨额资金的投入，文化产业预算由1998年的168亿韩元增加到2012年的3878亿韩元，文化事业占总预算的比例由3.5%增长到19.9%。[③]

2. 投资主体多元化

西方主要国家投资文化产业几乎共同的特点是投资主体多元化。美国联邦政府主要通过国家艺术基金会、国家人文基金会和博物馆学会对文化艺术业给予资助。州、市和镇政

[①]资料来源于 http://www.upweb.net。

[②]数据来源于国家统计局《中国统计年鉴》（2012 年），北京：中国统计出版社。

[③]资料来源于 http://www.webster world of cultural policy.htm。

府以及联邦政府某些部门在文化方面也提供资助。而美国文化艺术团体得到的主要资助来自于公司、基金会和个人的捐助等。2012年文化艺术业的经费总额为175.83亿美元。其中，社会赞助137.6亿美元，政府直接资助20.96亿美元。①澳大利亚文化产业之所以日益繁荣，商业赞助起到了至关重要的作用。1991年3月，澳大利亚政府出台了文化组织登记制度，任何单位和个人向这些已登记的文化组织提供赞助，均可免纳相应数额的收入所得税。同时，澳大利亚政府设立了专门机构（澳大利亚人文基金会）为企业和文化机构牵线搭桥，提供咨询等。这些措施大大激发了企业和个人向文化机构提供无偿捐赠或商业赞助的积极性。印度政府通过给优惠政策等方式鼓励国内私人企业和财团对文化单位进行投资，并取得了良好效果。印度的新闻社、广播电台、报纸杂志以及电影制作发行、图书发行、演出团体等主要文化产业部门都采用官办、民办多种形式。如印度最有影响的时报社、印度教徒报社、印度快报社等全都是由私人投资，这些报社不仅出版、发行报纸和杂志，还涉足更广泛的文化产业领域。

3. 投资方式多样化

西方发达国家文化产业之所以能占据国民经济的重要位置，不仅是因为投入量大，并且投资方式实现了多样化。韩国在文化产业的资金支持机制中，使用了"文化产业专门投资组合"。这是以动员社会资金为主，官民共同投资的运作方式。文化产业振兴院2006～2007年间，成功运作"投资组合"21项，共投资3073亿韩元(政府350亿韩元，民间2723亿韩元)。计划以后每年通过"投资组合"至少投资1000亿韩元。②英国对企业投资文化产业实行"政府陪同资助"，即如果企业决定资助文化产业，政府将陪同企业资助同一项活动。政府特别鼓励文化产业新投入的项目，即当企业第一次资助文化产业时，政府就"陪同"企业资助，比例是1:1。对于第二次资助，政府则对企业多出上次资助的部分实行1:2的比例投入。为追求票房价值，美国好莱坞大公司不惜投入巨资制作影片，以吸引观众。美国文化产业产值占GDP的1/5，从1998年起，美国文化产业产值已超过航空业和农业。一些有实力的文化产业集团如美国广播公司、哥伦比亚广播公司等，背后都有金融资本的大力支持，文化产业集团与金融集团间互相渗透、参股、控股，二者之间建立了稳定的伙伴合作

---

①资料来源于 http://www.upweb.net。
②资料来源于 http://www.webster world of cultural policy.htm。

关系。

4. 有良好的投资法治环境

西方主要国家有良好的法治环境。加拿大对文化产业投资非常强调立法，用法律对文化产业进行宏观管理。加拿大的文化事务分别由联邦、省、市政府分别管理。一般情况下，联邦政府负责全国性的文化事务，主要通过颁布各种法规对全行业进行指导和管理。省、市政府依据所辖范围，通过颁布各种法规和条例对文化产业进行指导和管理，对主要文化产业投资领域采取完全透明和基本开放的政策，使投资者面对的政策风险很低。日本文化产业得以快速发展的根本原因在于法律、法规健全。通过法律、法规调控文化市场，并对文化产业调控的手段逐渐实现制度化。在文化产业领域，日本最具代表性的法律、法规是1970年5月6日颁布的《著作权法》，迄今已修改了20多次。该法明确规定，保护各类作者的所有权利，以及有关部门作品和表演、唱片、广播电视等的权利及相关权益。目的是在公正使用这些文化成果，有效维护作者的权利。近年来，智利不断适时出台并修改、完善文化产业法律条款，为文化产业发展起到了保驾护航的作用。智利政府于2001年对原《文化捐赠法》的有关条款进行了必要的修改并颁布实施。修改后的法律拓宽了文化机构筹集资金的渠道，调整了捐赠方式，扩大了受益群体，提高了捐赠资金的免税百分比，提高了捐赠人捐赠的积极性，形成了"企业办文化、文化全民化"格局。

二、代表性国家文化产业投资机制研究

1. 美国形成了比较完善的经济的、行政的、行业自律的文化产业投资机制

近年来，美国文化产业的产值已占GDP的18%～25%，经营总额达到了几千亿美元。据统计，400多家最富有的美国公司中72家是文化公司。[①]如迪斯尼娱乐业等，已跻身于世界大型企业500强。美国文化产业发展非常快的原因主要有：一是得益于政府为文化产业投资提供了良好的外部环境。政府在遵循文化产业自身发展规律、考虑文化产业特点的基础上，给予文化产业以开放、优惠的扶持政策。鼓励文化单位采用多元投资机制和多种经营方式，鼓励非文化单位和境外资金投入文化产业。二是联邦政府投资大。美国联邦政府主要通过国家艺术基金会、国家人文基金会和博物馆学会对文化艺术团体给予资助，州和市

[①]资料来源于 http://www.upweb.net。

镇政府及联邦政府的具体部门也提供一定资助。这种投入面向所有符合政策导向的团体。三是吸收非文化部门和外来投资,来自于各大公司、基金会和个人捐助的数额远远高于各级政府的资助。各种来源的公共基金只占艺术组织运行费用的15%,国家艺术捐助会的拨款占5%左右。单个而言,政府是最大的文化艺术赞助来源。四是形成了比较完善的融资体制。一些有实力的文化产业集团如美国广播公司、哥伦比亚公司等,背后都有金融大财团的支持。以传媒为例,现在美国的主流媒体大多由各大财团控股,这些媒体无不依靠其巨大的财力和其它资源。NBC作为美国第一家广播电视网,拥有和运营着13家电视台,在美国收视率一直位居前列,而通用电气公司又是由美国老牌财团摩根财团控股的。通过与财团的合作,美国文化产业获得了发展所需要的大量资金。五是得益于科学的管理体制和现代化的管理手段。美国在对文化市场进行管理时不仅运用经济的、行政的、行业自律的手段,而且非常重视运用法律手段。凡是背离法律规定的文化产业投资活动,政府都要取缔。此外,美国政府对于外资进入美国文化产业经营限制不多,文化产业依靠其强大的实力吸引了为数众多的外资进入,加拿大、英国、日本等国家都有大笔资金通过文化产业的跨国公司进入美国。

2. 英国形成了政府拨款、准政府组织资助、基金会赞助的文化产业投资机制

英国文化产业投资渠道多种多样,有政府拨款、准政府组织资助、基金会资助等。英国在鼓励企业赞助文化产业的同时,鼓励全体公民支持文化产业。英国还运用发行彩票等非常规的融资方法,筹集文化产业基金。1994年11月19日,英国发行了第一期国家文化彩票。到2001年上半年,国家彩票累计发行总额已达314亿英镑,25%用于资助文化产业、体育和慈善事业。1995~1999年,超过1000个艺术项目从"彩票基金"中获得了10亿英镑以上的资助。仅彩票收入一项,一年就可为文化产业筹集6亿多英镑,[1]极大地弥补了政府对文化产业投资的不足。但是在英国众多文化产业投资中常出现负面效应的筹集资金和投资的方式。对于这些筹集资金和投资方式,如果引导得当、调控有力、分配合理、获得社会认可,会得到"点石成金"的效果,释放出巨大的投资能量。在英国众多投资中常常有这样的情况,一种具有负面效应的筹集和投资方式,如果引导得法、调控有力、分配合理,

---

[1] 资料来源于 http://www.upweb.net.

获得了社会的认可，就如同点石成金，释放出巨大的投资能量。关键在于认识它的规律和对这种规律的因势利导。

3. 法国形成了由企业和专业协会主导的文化产业投资机制

文化产业发展离不开政府的扶持。法国政府对文化事业及相关产业给予不同形式的财政支持或赞助。法国文化部的一名官员介绍说，主要形式有3种：一是中央政府直接提供赞助、补助和奖金等。每一个从事文化活动的企业或民间协会，均可向文化部直接申请财政支持；二是来自地方财政支持。法国的大区、省、市、镇政府都有支持文化事业发展的财政预算；三是政府通过制定减税等规章鼓励企业为文化发展提供各类帮助。有关企业可享受3%左右的税收优惠。统计表明，法国企业为文化发展提供的赞助，多年来一直高于对其它诸如环保行业的赞助。在发展文化产业方面，企业的作用近年来越来越显著，已成为推动法国文化事业与时俱进的重要力量。在一系列大型古文物的修复和重大国际性文化交流活动中，都能见到法国企业的身影。在法国，无论大企业还是中小企业，都能依法参与文化赞助活动，而作为补偿，企业可获得减免税收或者享有冠名权等各种不同的回报。在积极参与文化产业发展的各类角色中，除了政府和代表投资者利益的企业，还有一些代表少数特殊群体利益的组织，即各类专业协会。这些协会的法律地位各不同，但多数是以非营利为目的的，一般是因情趣相投而聚合在一起的文化活动爱好者，如音乐协会、话剧协会和舞蹈协会等，还有一些准文化类或者说广义上的文化协会等。这些组织的活动经费主要是靠会员缴纳的会费或募捐与赞助，少部分来自地方政府补贴。由于协会以非营利为目的，其资金来源和用途都要受到财务及税务的严格审计，特别是享受政府补贴的协会更是如此。每当全国或地方上举办公共文化活动时，这些协会都会应邀参加，负责组织和服务方面的工作，协会在号召志愿者的过程中发挥了不可忽视的作用。

4. 韩国形成了文化艺术和文化产业双赢的文化产业投资机制

韩国将文化产业作为21世纪发展国家经济的战略支柱产业。1998年，韩国提出了"文化立国"方针。1999～2001年先后制定了《文化产业发展五年计划》和《文化产业发展推进计划》，明确提出文化产业发展战略和中长期发展计划，并在组织管理、人才培养、资金支持、生产经营等方面推出了一系列重大举措，有力地推动了文化产业的发展。在文化科技人才培养上，韩国加强艺术学科的实用性教育，扩大文化产业与纯艺术人员之间的交流合作，构建了"文化艺术和文化产业双赢"的文化产业人才培养机制，培养了大批适用的文化科技人才。专门成立了"文化产业人才培养委员会"，负责文化产业人才培养计划的制定、协调，设立了"教育机构认证委员会"，对文化产业教育机构实行认证，对优秀学员给予奖励和提供资金支持。韩国近期文化产业发展战略是，2001～2010年，新建10个新兴文化产业园区、10个传统文化产业园区、1～2个综合文化产业园区，形成全国文化产业链，优化资源组合，发展集约经营，形成规模优势，提升研发生产能力和文化产业整体实力。政府产业政策的扶持极大地推动了韩国文化产业的发展。政府部门的主要投入：一是表现在政策法规的制定。政府制定了大量促进产业发展的文化法规和经济政策，尤其是完善有关文化经济政策，如利用税收、信贷等经济杠杆实行的多种产业优惠。奖励政策和措施，如为重点发展的游戏、动画等风险企业，对进驻文化产业园区的单位提供长期低息贷款，减少甚至免除税务负担。在文化产业园区建设中，免除农田、山林、草场转让费和再造费，以及交通设施补偿费等。二是先后设立各种专项基金。文艺振兴基金、文化产业振兴基金、信息化促进基金、广播发展基金、电影振兴基金和出版基金等若干促进相关文化产业发展的专项基金。此外，在2000～2001年间还分别投入大量资金建立各类文化产业园区(在我国俗称"文化产业发展基地"，韩国称之为"文化产业支援中心")。三是运作"文化产业专门投资组合"。这是以动员社会资金为主，官民共同融投资的运作方式，包括多渠道筹措文化产业发展资金，按照"集中与选择"的原则，有目的、有重点地实施资金支持，在经费上确保文化产业的发展。文化产业振兴院2002年通过国家预算拨款、投资组合、专项基金共融资文化产业事业费5000亿韩元，为文化创作和基础设施建设、营销和出口、人才培养，各投入1700亿、1870亿、1430亿韩元。计划以后每年通过"投资组合"至少融资1000亿韩元。由此可见，加大政府投入是韩国文化产业取得成功的重要支撑。并且政府的大力投入也为吸引和鼓励社会各界对文化产业的投入起到了积极的带动作用。

95

第三节　国外文化产业投资机制借鉴

一、引入外资不可影响国家文化安全

外资是中国文化产业资金来源的有益补充和必不可少的重要组成部分。随着中国对外开放步伐的进一步加快和对外开放程度的进一步加深，依照加入WTO的承诺，外资必然进军中国文化产业领域。在不影响国家文化安全的前提下，文化产业完全可以尽可能多地利用外资，促进自身发展。在引进外资的领域上，建议允许外商以独资或合资、合作的方式设立包装装潢印刷、书报刊分销、可录类光盘生产、艺术品经营等企业（具体允许外资进入的领域，下文将做详细论述），但是要禁止外商投资设立和经营新闻机构、广播电台(站)、电视台(站)、广播电视传输覆盖网、广播电视节目制作及播放公司、电影制作公司、互联网文化经营机构和互联网上网服务营业场所(港、澳除外)、文艺表演团体、电影进口和发行及录像放映公司。禁止外商通过出版物分销、印刷、广告、文化设施改造等经营活动，变相进入频道、频率、版面、编辑和出版等领域。建立健全文化市场退出机制，从严发放许可证，认真执行年度审核制度。对违规的外商投资企业，视不同情况，依法实行警告、罚款、吊销许可证等行政处罚。

二、谨防国外文化产业投资背后的文化霸权

卫星和电子传媒把地球变成了"地球村"，但是这个"地球村"中的每一个人、每一个国家并不是平等的，依然有统治全村的"村长"存在。这个帝国的背后有强大的西方政府、国际组织、各类有西方背景的非政府组织、国际基金和国际资本支持。在这个"地球村"里，住在村中央与住在边缘的"村民"在信息流向和流量上是不对称的。边缘文化总是被侵蚀和重组。全球化文化带来的全球文化的不均匀性，造成单一支配文化的出口与人类多元文化的死亡。所谓的全球化文化，从目前来看，是属于处于支配地位的民族（美利坚民族）的文化，是美国单向全球传播的大众文化[124]。这些文化商品在国际贸易中对输入

国和输入地区能够构成致命的文化威胁。以美国为首的"村长"国常常打着"贸易自由化"的幌子，实施文化渗透和文化占领，推行自己的文化和价值观，从而达到不战而胜的目的。在中国加入WTO的谈判中，美国坚决要求中国开放文化市场，并强烈要求中国取消进口配额，接纳美国各类影视制品。表面上是在与中国进行文化交流，并取得经济利润，事实上是在对华实施"文化入侵"、"文化殖民"和"文化霸权"。以美国为首的"村长"国不断向其它国家，尤其是发展中国家倾销大量影视节目，其根本目的就是为实现"文化霸权"。中国在引进外资和借鉴文化产业投资机制时，应引起重视，并通过切实措施加以防范。

三、提升本国文化产品和服务在国际上的竞争力

目前，美国文化产品正大举入侵世界文化市场。世界各国在与美国打文化贸易战时，一方面，采用各种措施竭力抵抗美国文化产品和服务；另一方面，不断拓展国际文化市场，传播自己的文化观和价值观，在获得大量外汇收入的同时，扩大本国文化在国际范围内的生存和发展空间，以维护本国的文化安全。根据中国文化产业发展现状，保护和扶持本民族文化产业，积极推进文化产业民营化是维护本国文化安全的有效途径。一方面，允许外资进入的领域首先要向国内文化单位开放，鼓励国有资本和非公有资本等进入文化产业领域；另一方面，要将保护性策略与开拓性战略有机结合起来，促进公益性文化事业与经营性文化产业协调发展。

第五章 文化产业投资新机制设计原则及方案

本书写作的目的是呼吁建立以政府投入为导向、以文化单位投入为主体、以非公有资本和外资投入为重要组成部分、以金融机构投入为补充、以"投资准入区别化、投资主体多元化、投资方式多样化、投资机制市场化"为特征的文化产业投资新机制。围绕这一目的，在本章中设计了建立新机制的原则及方案。

第一节 文化产业投资的系统演进

多项实例证明，文化产业投资各个发展阶段的系统形态和动力机制是不同的。很多学者研究了产业集聚演进特征，但几乎没有人研究过文化产业的产业集聚演进特征。由于投入和对空间创新的特殊要求等原因，文化产业实际上是一种特殊的产业群落。它的特殊性决定了它有着其它产业群落不同的演进特征。因此，从文化产业的系统演进的动力机制角度，探讨文化产业投资形态演进，具有重要的学术价值和应用价值。

对文化产业的形态演进分析主要是从系统演进动力机制路径特征来分析其系统演进特征。一般来说，文化产业都经历了"自发集聚与外部经济 → 弹性专业化效应与产业链动 → 竞争效应与差异竞争 → 创新效应与学习型区域"的演进路径，即集聚经济产生了弹性专业化生产，各种专业化分工促使了各种企业之间竞争机制的形成。竞争机制形成后，文化产业的研究就进入了良性发展的路径。创新不断产生，创新的结果使区域产品的质量上升，促使区域吸引资金不但总量增加，而且渠道不断拓展。具体系统演进的路径和动力

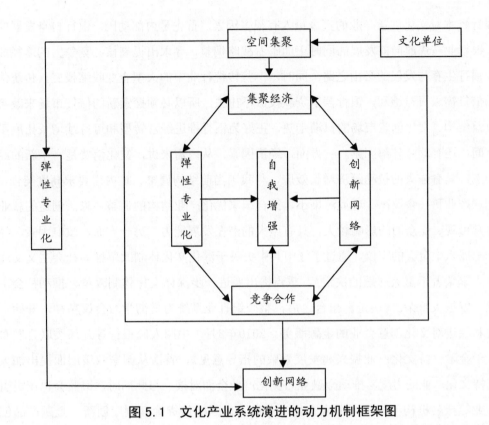

图 5.1　文化产业系统演进的动力机制框架图

99

机制如图5.1。文化产业是在经济、社会、文化和制度环境等方面促进下发展起来的。文化产业发展的动力因素主要有柔性劳动力市场、创意人才、地方文化、氛围、新经济和制度激励作用等。正是这些因素构成了文化产业吸引投资的内界动力。

国际金融危机的形势愈发严峻，文化创意产业却逆势上扬。文化商业街区、文化产业园区、电影节、动漫节等文化活动层出不穷，电视剧的高收视率和不断攀升的电影票房和都昭示着文化产业的蓬勃生机。近几年，快速向前发展的银行业也把视野从传统经济扩大到文化创意产业。据央行统计，2010年，全国文化产业中长期贷款新增276亿元，年末余额同比增长61.6%，比上年末提高39.1个百分点，余额增速创历史新高。近几年，多家银行更是不约而同地将投资目光投向影视产业这一聚宝盆，这为中国影视行业提供了新的融资渠道，而中国影视行业的资本大潮也愈发涌动激荡。

　　银行资本对文化创意产业的大量摄入有很多因素。首先是内部动因。银行自身发展的需求。银行业在快速向前发展的同时正面临着战略调整，寻求出提高核心竞争力的途径成为商业银行生存与发展的必由之路。同时，一些传统行业中的大型企业收缩投资，传统信贷市场信贷需求日益饱和，银行苦于贷款投放不出去，所以必须探索新的信贷市场来改善信贷收益结构。文化创意市场的日渐走热，正好为银行推进经营转型和可持续增长拓展了新的空间。还有就是外部因素。一方面，经济因素。从内需来讲，文化消费是一个新的经济增长点，具有强大的拉动经济增长效应，与我国当前结构调整、扩内需要求高度契合。文化创意产业科技含量高、环境污染小，符合国家优化产业结构的调整要求，创造的就业岗位非常可观、受众面的影响较大，具有巨大的潜在发展能力。另一方面，政府因素。经过第十七届六中全会的审议，通过了《中共中央关于深化文化体制改革推动社会主义文化大发展大繁荣若干重大问题的决定》，重点提出要进一步深化文化体制改革、推动社会主义文化大发展大繁荣。《决定》出台之后，整个银行业系统为贯彻学习会议精神，开始大力推进和改进对文化创意企业的金融服务。2010年3月，中国人民银行等九部委联合发布了《关于金融支持文化产业振兴和发展繁荣的指导意见》，首次从国家政策层面提出加大金融支持文化产业的力度，推动金融业与文化产业全面对接。与此同时，银监会也积极引导银行业等金融机构不断加强适应文化产业做大做强的信贷管理制度创新、金融产品创新。

　　文化创意企业投融资问题，首先要了解文化创意产业在风险收益方面区别于其它产业的独特之处在于：一是文化创意公司的价值由其拥有的文化创意产品定位以及团队决定，而影响文化创意产品价值的因素众多，产业兼具高风险与高收益的特征。二是文化创意产品重在精神需求和观念价值，所以它的市场需求就比较难以预测。这就好比一部电影，观众选择它的因素很多，预测它的票房收入就比较困难。三是受众对创意产品的价值的接受需要经过一个过程，即受众会根据主观的判断去评价创意产品。主观上的认识、判断过程必会带来一定的风险。看法的褒贬不一，会产生不同的结果。四是容易被复制性和再利用。就电影来说，通过现代化设备的处理，可以以很低的成本进行传播。如果缺少严格的知识产权保护及完善的保密制度和保密环境，就将很轻易的被他人剽窃和利用，原始投资人得到的回报就会大大折扣。

虽然近些年在政府有力的支持下和社会人士热烈呼吁声中，创意企业的融资环境已经有所改观，但由于其无形资产存在不确定性，时常让投资者望而却步。许多创意企业或者因为融资成本太高，望洋兴叹；或因为融资渠道单一，而发展受限；或是因为融资支持缺乏连续性，最终举步维艰。可见，投融资问题已然是影响文化创意产业发展的一个重要瓶颈。限制因素主要是两方面：一方面，融资门槛比较高，融资渠道狭窄；另一方面，文化创意企业自身硬件条件不够，实力不足。其实，融资难的关键在于准入门槛高。民营企业主要通过市场机制融资，目前针对民营企业的融资渠道主要有股权私募、资产抵押、银行借贷、信托和资本市场。外国很多相对流行的融资形式比如民间信贷等在国内还都尚未放开。另外，金融业的国有体制在一定程度上也限制了民营企业的融资。与此同时，绝大部分的文化创意企业自身也有不少问题，比如规模比较有限、有形资产占比偏小、信用水平相对较低、经营稳定性差、没有完整的发展战略规划等等。之所以会有种种的瓶颈限制，主要的内部原因在于企业没有形成稳定、合理的商业模式，没有稳定的现金流。良好的商业营运模式可以帮助企业完善内部产业链结构，塑造品牌形象，从而较容易地从银行或其它金融机构取得质押贷款。当然，造成融资困境也是有一定外部因素的影响。比如说，我国的资本市场体制及格局当前建设得尚且不够完善，致使融资投资的形式和渠道相对比较单一，市场活力欠缺。

101

一、柔性劳动力市场

柔性劳动力市场在文化产业发展中的作用主要有两点。一方面，在劳动力市场中各种劳动力可以方便地获得。文化产业是相对劳动密集型产业，其发展要求劳动作为一个整体把工作者技能与市场敏感性相结合，既需要低素质劳动力，也需要高素质人才。另一方面，完善的柔性劳动力雇用系统容易刺激创新。个人和团体能很快地在文化产业雇用系统中找到工作，并"自由跳槽"，这样才能真正实现文化产业人才不断更新，并促使创意和创新的产生。

二、人文素质

文化产业发展的根本动力是人的创造力。城市正是具有吸引文化人群的功能而刺激经济增长。从技术到娱乐，从杂志到金融，从高端制造业到艺术，相关人才能在广泛和不同的产业中从事不同的工作。其中,"超文化核心人才"创造了新机制。这是一种容易转化并能被广泛应用的产品和理念,如设计一种产品,编制一段在市场能不断演奏的音乐等。"文化专职人才"则是在更广泛的知识密集型产业中工作,如高科技、金融服务业、法律事务、保健业等,主要从事文化产业问题的解决,拟定和复合知识团区,解决专业化问题。

三、地方文化历史沉淀

文化创意不仅来源于文化人才,也来源于地方文化历史积淀。在有文化历史沉淀的地方,文化也是文化创意发明的核心,是文化产业形成区域独特竞争优势的重要动力之一。因为特定传统、惯例和技巧等地方文化,存在给定的城市区域,从而可以形成具有地方独特的地方产品。这些特色不具有可复制性,如伦敦的剧院、意大利的陶瓷艺术等。当地方文化作为经济因素进入产品的设计并加以特殊化时,本身产出的象征意义反过来开始吸收更多的地方文化因素,促使地方文化因素更具有丰富性和价值性,进而达到最终产品的地方文化和产品性质之间的关系递归强化。文化产业投资能够将这种文化遗产的"地方特色"激发而寻找到合理的处理方式。

四、制度激励

文化产业吸引投资的另一个动力在于文化投资氛围的形成。政府在营造投资氛围的制度激励和政策制定方面的作用,对文化产业的发展尤为重要。在文化产业发展过程中,政府通过城市规划和建设工程,加强城市文化产业发展的硬件设施建设,如城市公共空间、绿地、公园和特殊建筑等,它通过制度构建和投入,加强文化软件设施建设,如大学和科研机构的资金投入,以及金融等相关服务业、教育、研发机构的创建等制度和政策的直接或间接作用,为资源、商品和人才流动提供便利,以利于文化产业发展。伦敦、东京、纽约、香港等城市之所以能成为世界文化产业中心,主要原因是政府能不断拿出一系列的制度和政策加以激励。

第二节　文化产业投资新机制设计原则

一、符合市场经济要求，遵循文化产业自身发展规律

必须改革现有的文化产业投资机制，建立符合社会主义市场经济体制要求的文化产业投资新机制。制定文化产业投资政策，要体现鞭策后进、鼓励先进、奖勤罚懒、优胜劣汰的竞争原则，要有利于培育充满生机和活力的文化产业投资新机制。既要遵循市场经济规律，又要充分考虑文化产品生产和文化服务提供的特点，自觉遵循文化产业自身发展规律；既要充分体现"助文、扶文、兴文"的精神，又要有助于促进文化产业发展，有利于增强文化产业的"造血"功能等。

二、信守承诺，重构投资政策系统

中国加入WTO所作的诸多承诺、协定、协议，广泛涉及文化产业各个领域。WTO的基本规则是各成员国政府制定和执行国内文化贸易政策和国际贸易政策的文本基础，并必然给加入国的文化管理制度和文化产业政策制定带来制度、法律和政策性的影响。中国加入WTO，既表明中国已经成为世界经济一个重要组成部分，也意味着中国必须遵守WTO的基本原则和各项国际贸易制度、法律体系和政策系统。凡不符合WTO基本原则的政策均要依据WTO的基本规定做调整、修改，甚至废除。中国要发展文化产业，要扩宽文化产业投资渠道，必须在WTO制度、法律和政策系统的框架内，形成和构建既有中国特色，又与WTO的基本原则相一致的产业政策系统。中国政府必须严格执行按照WTO承诺制订的各项法律、法规和政策，并以此为依据，重建和完善文化产业投资政策系统[125]。

三、区别对待，管理机构协调统一

文化产业因门类不同，性质、任务就各不相同。文化产品和服务有高雅和低俗之分，文化产业也有营利性和非营利性之别。对于市场竞争能力弱、文化品位高的高雅文化产品

与代表国家和民族文化水准的文化产业项目，政府在文化产业投资上应予以重点扶持。对于市场竞争能力强的通俗性文化产品和服务，应实行高税率政策或提高准入门槛，防止这些产品在市场上过分泛滥等。政府投资文化产业的决策机构（投资部门和资金管理部门）、执行机构（行业主管部门和建设主管部门）和监督机构（党委纪检部门、行政监察部门和审计部门）要根据科学履行各自职能的要求依法设立，且各机构分工要合理，功能要完备，并能灵活高效地发挥管理效能。

四、有管理规则可依，按管理程序而行

政府投资文化产业机构内部对投资的决策、实施、监督、评估、优化等各管理环节都要有相应的政策、标准和规范。文化产业投资过程要按照管理规则，有章可循，遵章而行，科学公正地进行。各地制定文化产业发展中长期规划、专项规划、年度投资计划（预算内投资计划、专项建设基金投资计划、主权外债投资计划等），下达并调整计划，管理资金，咨询、论证、评估、听证有关项目，建设、稽查、行政监察有关项目等[126]，与投资相关的诸环节和过程，都要符合程序性法规。文化产业投资要严格依照法定程序进行，对违反程序性法规的文化产业投资行为要及时予以追究。

第三节　文化产业投资新机制设计方案

一、投资准入区别化

1. 放宽市场准入，积极鼓励非公有资本投资文化产业

①目前非公有资本投资文化产业的机遇。一是文化市场开放中出现了很多投资机会。如随着影视制作市场开放和报刊发行市场开放，多家民营企业已经取得了相关产品和服务的全国经营权。二是文化产业结构调整和国有文化单位改革带来的机遇，如打破条块分割，给产业资本提供了市场扩张的条件。经营性国有文化单位改制时，非公有资本通过参股、

控股等形式进入文化产业领域，并利用国有文化资源发展壮大自己。三是文化市场建设过程中出现的投资机遇。文化产品市场建设、文化要素市场建设、文化流通组织建设，以及文化产品"走出去"和开辟国际文化市场贸易通道的过程中，非公有资本会有很多投资机会。如"女子十二乐坊"在日本的推广和发展等。四是新技术发展给非公有资本进入文化产业领域带来新的投资机遇。如互联网技术带来网络游戏和移动文化服务爆炸式增长等。

②**非公有资本如何避免投资风险**。文化产业是典型的知识密集型产业，主要依靠具有原创能力的人力资源，不断提出和制作有"创意"的内容，在满足消费者精神文化需求的过程中实现了产业发展。知识密集性和"轻型化"的资产结构是文化产业发展的基本特点，其主要依托的资源不是厂房、设备等有形资产，而是节目、品牌和人力资源等无形资产。文化产业的投资风险远比传统产业大。不像传统产业，资产清算时，至少还有厂房、设备等有形资产可供变卖。非公有资本要避免投资风险，一是要严格按照风险投资的程序对文化产业项目的前景进行尽可能准确地评估；二是要组建高素质的研发和管理团队，舍得在人力资源方面进行投资；三是尽可能采取股份制的方式分散投资风险；四是在投资过程中，可以先做示范性项目，随着政策开放的节奏，采取小步快跑的渐进方式。当然也应有所区别，网络娱乐领域的投资一旦看准了，就要迅速去做，否则就会贻误时机。

③**按市场规律引导非公有资本进入文化产业**。提供私人文化产品和服务的领域，政府投资可逐步退出，让市场充分发挥调节作用，鼓励和支持非公有资本进入。非公有资本可主要进入文艺表演团体、演出场所、互联网上网服务营业场所、艺术教育与培训、文化艺术中介、旅游文化服务、文化娱乐、艺术品经营、动漫和网络游戏、广告、电影电视剧制作发行、广播影视技术开发运用、电影院和电影院线、农村电影放映、书报刊分销、音像制品分销、包装装潢印刷品印刷等领域。但要禁止非公有资本投资设立和经营通讯社、报刊社、出版社、广播电台（站）、电视台（站）、广播电视发射台（站）、转播台（站）、广播电视卫星、卫星上行站和收转站、微波站、有线电视传输骨干网等。非公有资本不得利用信息网络开展视听节目服务以及新闻网站等业务；不得经营报刊版面、广播电视频率频道和时段栏目等，因为这些领域涉及国家的文化主权、文化信息安全以及社会稳定。对面向集体和社会提供"公共性"较强，但与国家的文化主权、文化信息安全以及社会稳定关系不大的准公共文化产品和服务，可采取政府和市场混合提供的方式，允许非公有资本进

105

入并投资参股国有文化单位,但国有资本必须控股51%以上。这些领域主要是出版物印刷、发行、新闻出版单位的广告、发行,广播电台和电视台的音乐、科技、体育、娱乐方面的节目制作,电影制作发行放映,建设和经营有线电视接入网,参与有线电视接收端数字化改造等。要本着"互惠互利、促进发展、共同提高,服务社会"的原则,采用个体独资型、政企合作型、文企联姻型、个体联合型、项目赞助型、政府引导型等形式,按市场规律引导非公有资本进入文化产业领域。

2. 确定行业准入政策和弱势行业保护措施

要放宽非公有资本进入文化产业的准入政策。凡是没有明令禁止进入的文化产业领域,均允许企业、个人和社会团体等社会力量参与兴办。要完善信用担保体系,引导和鼓励金融机构对非公有制文化单位进行支持,提高对非公有制文化单位的贷款比例等。非公有制文化单位在项目审批、资质认定、投资、财政税收、土地使用以及从业人员职称评定、成果评奖等方面,要享受与国有文化单位同等待遇。要依法保护非公有制文化单位的合法权益,积极营造有利于非公有制文化单位发展的良好外部环境。要鼓励和支持非公有制文化单位从事文化产品和文化服务出口业务。凡中国加入WTO承诺允许外资进入的文化领域,都应加快对非公有资本开放的步伐[127]。要引导、鼓励和支持非公有制文化单位参与文艺团体、演艺娱乐、艺术品经营、电影放映等国有文化单位的公司制改造。此外,根据国家文化部《直属单位建设项目管理办法(试行)》规定,非公有资本可以投资参股下列领域的国有文化单位:出版物印刷、发行,新闻出版单位的广告、发行,广播电台和电视台的音乐、科技、体育、娱乐方面的节目制作,电影制作发行放映等。上述文化单位国有资本必须控股51%以上。鼓励和吸引各类非公有资本以冠名、合作经营等形式,参与重大文化设施、重点文化产业项目的开发建设,非公有资本投资额度超过80%以上的可以冠名,30%~50%的可以股份制、股份合作制、合伙制等形式参与经营管理。非公有资本可以建设和经营有线电视接入网,参与有线电视接收端数字化改造,从事上述业务的文化单位国有资本必须控股51%以上。凡是新办的民办、民营文化单位,可免征3年企业所得税。新办文化单位注册资本在50万元以下、一次性出资有困难的,可在3年内分期到位(首期出资额应达到注册资本的10%以上,且最低不少于3万元)。对有出口订单的文化单位,金融机构应根据有关政策积极提供卖方信贷,对符合条件的文化单位,可有选择地试行买方信贷。民办、民营文化产品出口可享受出口退税政策；文化劳务出口境外收入不征营业税，免征企业所得税；民办、民营文化单位引进先进技术或进口所需要的自用设备及配套件、备件等，要免征进口关税和进口环节增值税等。

二、投资主体多元化

1. 逐步形成投资主体多元化的投资机制

无论是从宏观上整体发展文化产业，还是在微观上搞活文化单位，都要尽快形成文化单位投资主体多元化的格局。建立新型文化产业投资机制的关键是构造一批以国有资本为主体或混合所有制的文化产业投资运营主体，使之承担文化市场的投资风险，在区域重点文化资源项目开发和文化资源整合中发挥重要作用[128]。从操作层面研究，主要可以从3个层面进行。一是新建文化单位，做到一开始运营就严格按照《公司法》要求，实行股权多元化。江苏省人民政府出资8000万元组建的江苏文化产业集团就是建立以国有资本为主体的文化产业投资运营主体的例子。2009年6月9日，陕西省委、省政府批准成立的陕西文化产业投资控股有限公司在西安挂牌，这是由陕西省政府、西安市、延安市、榆林市政府陕西省投资集团共同出资组建的国有控股大型文化企业。公司总资产21.97亿元，其中货币资本11亿元，固定资产10.97亿元。公司设有股东会、董事会、监事会和经理层，同时设立党委会，具有独立法人地位。从而搭建了融资平台，实现了资本来源多样化，提高了资金使用效率，扶持了文化企业的发展。①二是从本地区的文化事业建设费和财政有关投资中拿出部分资金，集中使用，组建文化产业投资公司，并吸纳非公有资本，成为由国有资本控投或混合所有制的文化产业投资运营主体，对发展前景好的重点文化资源进行开发，对新兴文化产业项目进行引导性、示范性投资。三是对现有国有文化单位实施投资主体多元化改造。对区域内国有文化单位进行国有资本授权经营，使之成为国有文化产业投资运营主体。具体操作可参照五种方式中的一种进行："转"，即由债权转股权，使单一变为多元；"联"，即用文化单位有效资产联合外来投资；"增"，即文化单位内部培植增加新的投资主体；"减"，即减持国有股；"参"，即多个国有法人

107

---

① 资料来源于2009年6月22日中央文化体制改革工作领导小组办公室《文化体制改革工作简报》第49期。

相互参股。不管是从哪个层面来讲，都是要培植文化产业投资主体。

对我国来说，在借鉴成功的运作模式的同时还需要注意自身资源的整合，实现资金来源的多元化。单纯依靠政府投资发展文化创意企业是远远不够的。可以凭借政府自身投资为引导，为文化企业建立起融资信息管理平台，带动社会资本进行投资，并多鼓励社会力量为文化事业捐助。加快并促进文化版权交易和流通，使保险、证券等更多的金融机构积极尝试支持文化产业，并成立专业文化担保公司。在筹资方式上，可以考虑以下3种方式：一是风险投资或私募股权投资基金。风险投资（VC）也称创业投资，其经营方针是在高风险中追求高收益，帮助企业尽快成熟，达到资本增值的目的。私募股权基金是发达国家金融市场的重要组成部分，在中国目前占GDP的比例非常低，未来投资空间非常大。因而可以为文化创意企业加以利用。二是资产证券化和企业基金。通过借变现债权来改善现金流状况，从而优化资产负债结构，提高资金周转率。积极利用信托公司、风险投资公司发放的专项基金、创新基金等谋求发展。三是积极利用资本市场融资。具备一定能力和条件的文化创意企业应该积极申请上市融资。通过上市带来的品牌效应和资信证明有助于等到更多银行的青睐。同时，还通过上市公司收购、兼并、托管、资产或股权置换等资本运作的方式，优化资源配置。

案例：《中国好声音》收视夺冠，引发多家卫视投资链整合

曾经雄霸荧屏10周的《中国好声音》第一季比赛结束，卫视综艺节目又开始了新一轮洗牌。随后多家卫视使出浑身解数，纷纷改版频道，进行多元化运作，力争收视率提高。

多家卫视陆续PK，传统节目也做出了大量改变。湖北卫视借改版，成功入围2011～2012"中国卫视品牌前十强"，成为业内"黑马"。商业利益诱导下，卫视之间的角逐将"鹿死谁手"？业内专家分析称，投资"金矿"背后，在产业链的整合方面需要充分探索新的开发合作模式，打造更为开放的平台，权利制约、利益共享。

商业利益引导下，多家卫视群起争雄。《中国好声音》收视率疯狂夺冠，引发多家卫视纷纷改版，多元化尝试。湖北卫视通过2012年年初的整体改版和同年9月1日的全面升级，成功推出了《我爱我的祖国》、《天下同名人》、《大王小王》和《长江新闻号》等一批新栏目。四川卫视《中国藏歌会》、东方卫视《声动亚洲》歌唱比赛类节目展开了激励PK，江

苏卫视靠《非常了得》、《一站到底》、《非诚勿扰》和《最强大脑》撑场，湖南卫视在推出《快乐大本营》和《天天向上》之后，又着力推出了《百变大咖秀》。

高收视率的背后是巨大的商业价值。《中国好声音》的爆红带来的是广告收益的激剧膨胀。自首播以来，该节目广告插播价格已从15万元/15秒疯狂上涨至36万元/15秒和重播16万元/组。《中国好声音》最火爆的时期，节目广告时段全满，而且还有众多投资无法接受。国家新闻出版广播电影电视总局规定，如果以90分钟的节目22分钟的广告时长计算，其六集节目直播与重播的广告收入已近2亿元。连同加多宝6000万元的冠名权，其显性广告收入在2.5亿元左右。

截止2012年底，《中国好声音》网络收视率也掀起风暴。第六集高清版仅2天时间在优酷上的播放点击率就超过500万次，在爱奇艺(微博)网上的点击率就超过200万次。

国家新闻出版广播电影电视总局的"限娱"给多家卫视带来了极大的冲击，各大电视台纷纷调整战略。湖北广播电视台的一位负责人表示，"湖北广电正在着力打造广告产业、网络产业、内容产业、'文化+科技'产业，形成相关实业'五柱支撑'产业结构，重点搭建十大产业平台。"作为集团公司核心业务之一的湖北广电广告中心和火凤广告有限公司(现已更名为长江广电广告有限公司)通过"两块牌子，一套班子"组织体系，统一经营台属广播电视频道的广告业务。

营销专家张意林表示，"《中国好声音》的冠名费、广告费在短短一个多月内的收入确实相当惊人，但与国内外成熟的同类型节目相比，仍有很大的上涨空间。"具有国际水平的《英国之声》仅靠一个沃达丰植入式广告以及在苹果公司iTunes中的付费下载两项，就实现了比中国制作阵容更加庞大的500人制作团队更盈利。《美国之音》的官方网页上专门开设了一个网店，销售与《美国之音》相关的T恤和CD等。

除传统的广告收入分成、向视频网站征收的版权费之外，向音乐产业链延伸也成为不少卫视和有关节目的发展策略。据了解，中国移动(微博)已经将参与节目的学员按照所跟从导师分类打包，为消费者提供打包付费彩铃下载业务，节目组和中国移动按照中国移动与音乐公司传统的分账比例进行分账，下载收益没有保底费用。

浙江卫视营销中心副主任楼志岳表示，"我们希望的模式是捆绑式经营，各有操纵面。节目制造模式中我们希望真正实现制播分离，打造一个开放式平台，吸引国内外最优秀的

109

团队来进行合作，并实现利益共享。"

2. 培植具有核心竞争力的国有文化单位

文化产业的核心竞争力主要体现在文化产品的独特性、创新性、先进性。文化产业属知识密集型产业，利润主要来源于创意和创新。从国际经验来看，大力发展核心版权业是当前文化产业提升档次的突破口。核心版权业是指创造版权的大中型作品或受版权保护的物质产品，主要指对享有版权的作品再创作、复制、生产和传播，如报刊业、电影制作、广告业、计算机软件和数据处理等信息产业。据国家统计局统计资料显示，美国2012年核心版权业创造了6484亿美元的产值，比同期增长6.2%，占美国国民经济产值的4.5%；而中国，2012年文化艺术增加值为411.8亿元人民币，在第三产业增加值中仅占1.01%，[①]在GDP中所占比例就更小了。美国娱乐产业、英国创意产业、法国出版产业、瑞士旅游产业、印度电影产业、日本动漫产业、韩国网络游戏产业、澳门博彩产业在世界文化产业大家庭中形成了明显的个性特色。总之，培植文化产业核心竞争力，就是要错位竞争，把文化单位培植成特色鲜明的文化单位。原来按照统一标准与规格进行大批量生产的大众产品的竞争，已逐步让位于差别化竞争和个性化竞争[129]。在文化产业领域，各个省和地区都要结合本地传统、资源和独特个性找准自己定位。

案例：借鉴希腊、奥地利、瑞士旅游经验，打造海南国际旅游岛品牌

品牌是希腊、奥地利、瑞士旅游业的核心竞争力。这三国旅游业发展均已有上百年的历史，它们凭借独特的资源禀赋，精心打造了各自特色和极具竞争力的品牌，成为世界旅游强国。

提到瑞士，人们自然就会想起阿尔卑斯山雪峰、日内瓦湖、达沃斯论坛。提到奥地利，人们就会想到维也纳森林、蓝色多瑙河、金色大厅。提到希腊，人们就会想到雅典卫城、奥运会，这些都是品牌深入人心的巨大力量。这三国的旅游产业通过对本土自然和人文资源的异质性进行充分、深入、细致地挖掘、整理和包装，将其转化为不可复制的、高附加值的品牌，成为参与国际旅游市场竞争的核心力量。它们的共性做法：一是坚持长远规划，

[①]数据来源于国家统计局《中国统计年鉴》（2012年），北京：中国统计出版社。

持续实施。这三国旅游业的总体规划和布局都着眼长远并持续实施，从不轻易地改弦易辙，全盘翻新，从而使历史和文化在时间中逐渐沉淀下来，固化为本地区独特的自然景观和人文气质。二是产品开发多样化。这三国旅游产业精心开发类型丰富、独特性明显、个性化突出的产品，为游客提供了多种选择余地，以吸引世界各地的游客。瑞士仅户外运动产品就有自行车、徒步旅行、山地自行车、滑冰、划独木舟等。奥地利重点开发历史、音乐艺术等旅游项目。维也纳推出的"茜茜之旅"半日游、萨尔茨堡的"音乐之声"等特色十分鲜明。三是培育旅游产品独特的文化魅力。这三国特别注重不同文化之间的交流对话、古代文明与现代文明之间的钩沉探幽，以赋予旅游产品极为深厚的文化底蕴，使旅游不仅是行，更是行与感、行与思的结合。在雅典，既有雅典卫城满目的残垣断壁及其背后动人的希腊神话，又有比雷埃夫斯港千舟云集的壮丽景观。相距数千年的景观如此珠联璧合，让人在发思古之幽情的同时，也感受到了现代生活的活力和愉悦。

长期以来，海南省旅游业发展定位比较模糊，缺乏长远规划和统筹安排，旅游发展理念没有连续性，无法凝聚成具有海南特色的旅游品牌。与其它的热带海洋旅游目的地（如加勒比海、夏威夷、东南亚诸国）相比，海南的旅游要素没有显现出比较优势。

要实现海南国际旅游岛的目标，把海南建设成世界一流的热带海岛度假休闲胜地，应借鉴希、奥、瑞三国做法，充分利用独特的资源禀赋，形成海南旅游标志性符号，着力打造具有竞争力的旅游品牌。首先要高起点、高标准、高水平进行总体规划，以此来指导未来10年甚至更长时间海南旅游业的发展。在具体实施过程中，要保证规划的严肃性与连贯性，在基本面没有出现实质性逆转的情况下，绝不因一时一事一人而随意改变。要突出海南独特的自然、人文资源，包括中国最大的经济特区，改革开放的试验田；热带海洋风光、度假胜地、高级酒店聚集地；乡土文化和少数民族风情等。其次，要全面优化旅游产业布局。海南旅游业要划分为"东、中、西"三大片进行布局，并对各片中的旅游要素进行优化组合，形成特色鲜明的旅游路线。同时，政府要对旅游产业进行适度干预。希、奥、瑞三国均为成熟的市场经济国家，崇尚自由竞争。但为了弥补市场力量无法解决的旅游产业发展不平衡的问题，这些国家的政府对旅游业也采取了适度的干预。一方面，产业政策引导。希、奥、瑞三国政府对旅游产业发展的职能主要体现在加强对旅游业长远发展的规划与指导，以避免市场经济产生的盲目性；建立投资激励机制，加大旅游公共产品的投入，

111

改善旅游业发展中的薄弱环节，促进旅游企业健康发展，形成综合竞争力；另一方面，加大旅游促销力度，积极组织旅游推介。瑞士政府每年安排持续增长的预算资金用于旅游业营销活动，每年安排给瑞士联邦旅游局的营销资金达6000万瑞郎。采取政府与私营部门联合促销，即以政府为主，企业参与，既能保证促销活动的获益者在促销中发挥积极作用，又便于保证旅游促销的实际效果。深入及时分析市场。瑞士将旅游市场分为重要市场、战略性增长市场、活跃性市场和发展性市场4个层次。下大力气加以研究，不仅涉及到市场范围、市场层次，而且深入到每一个专题市场，不仅研究市场的人数、收入等总量指标和经济指标，又研究各个市场爱好、兴趣、特点以及发展和变化的可能性，力求抓住趋势，抢在市场之前。展开多样、丰富的宣传攻势。瑞士2008年印制了300吨的宣传手册，举办了49个展销会。此外，还给予中小企业融资便利。奥地利旅游银行有限责任公司由政府出资成立，专门为中小型旅游企业的生存和发展筹集资金。如资助中小企业的技术更新、质量提高、规模壮大等，在一定程度上解决了中小型旅游企业融资困难的问题。

海南旅游产业正处于发展初期，更需要通过政府力量进行强制干预，促使旅游业发展进入快车道。要加大财政投入，有针对性地对旅游发展中的薄弱环节和关键要素进行重点支持和政策扶持，并引导、调动社会资金参与旅游市场竞争，培育多元化市场主体，形成规范的市场体系；要建立旅游产业融资体系，充分利用和放大使用中央财政扶持海南国际旅游岛建设专项资金；要强化推介，拓展市场；要积极发挥旅游行业组织自律、服务和协调作用等。

3. 鼓励非公有资本进入文化产业领域

政府要鼓励和支持非公有资本进军文化产业领域，特别是高新文化产业领域；要鼓励和支持非公有资本进入文化表演团体等文化产业领域，详细情况，上文已做了论述。政府要创新文化产业投资机制，拓宽投资渠道，坚持"谁投资、谁所有、谁受益"的原则，大力支持非公有资本以股份制、合伙制及个体私营等多种形式参与兴办文化产业，并逐步形成多渠道、多元化的文化产业投资机制。政府要鼓励民营企业参与国有文化单位改制，实现优势互补，共同发展。要鼓励发展文化娱乐、文化休闲和文化服务等与大众文化消费联系紧密的中小非公有制文化单位，鼓励、支持国内外名人、名家、名师领办、创办非公有制文化单位和文化工作室，促进文化产业蓬勃发展[130]。

案例：中影改制频频"变脸"，星美多元经营剑走偏锋

2007年是中国电影业的改制年。在这一年，中国电影院线及影院的经营策略都发生了根本的变革。各大院线在追求速度和规模发展的同时，更加重视内部经营策略的变革，积极吸收非公有制资本进入电影市场，为院线的可持续发展注入了"新鲜血液"。尽管电影影院的发展并没有迎来人们预期的票价迅速下降的局面，但是各家影院都更加重视品牌和差异化竞争优势的培育，在提高观影人数和票房收入之间进行着多种有益的探索。

在2007年，无论电影院线发展还是影院建设都呈现出非常活跃的态势。全国电影院线通过投资或签约的方式，通过区域内外的空间拓展，不断扩大院线的规模，延伸院线的势力范围。影院的投资建设加速发展，影城规模和影厅数量不断增长。全年新增影院102家，新增银幕数493块，平均每天诞生1.35块银幕，其发展速度处于世界同行业发展前列。北京新影联、上海联和、中影星美、北京万达、中影南方新干线5条院线均取得票房过3亿的喜人业绩，5条院线总票房超过17亿元，稳居全国半壁江山。

在2007年，中影星美院线取得3.64亿元的票房成绩，累计二级市场的票房收入，总票房达到3.87亿元。其中，国产影片1.89亿元，占49.7%；进口影片1.98亿元，占50.3%。2007年12月单月票房高达5700多万元，创造了全国有史以来的单月最高票房。全年放映影片309部。其中，国产影片228部、进口影片81部。全年观影人数1407万人次，同比增长了20%，放映场次43万场，同比增长27%。作为全国首家名副其实的跨省院线，截止2007年底，中影星美院线的加盟影院已覆盖全国23个省（市、区），签约加盟影院总数107家，银幕总数365块，座位总数约71257座。其中，2007年年内新签约加盟影院23家，较2006年同比增长27.38%；新增银幕数97块，较2006年同比增长36.19%；新增影院座位数约14600座，较2006年同比增长25.44%。新加盟地区涉及广东、贵州、四川、福建、云南、江苏、山西、黑龙江和西藏等12个省（市、区）。加盟影院中有3家影院年票房超过4000万元、10家影院超过1000万元。这些数字反映出中影星美高速稳定的增长态势。中影星美前5名的影院包括深圳嘉禾影城、北京华星国际影城、北京星美国际影城、上海星美国际影城和深圳新南国电影城。其中，前3家影城的票房数都超过了4000万元。

凭借5年来努力打造的跨区域最广的全国性大院线的规模优势和中影集团的影响力，中影星美对许多在当地经营效益好的影院具有强烈的吸引力，成为诸多区域院线强有力的

竞争对手。中影星美通过进一步提高供片能力、实行影院目标责任人制，为影院提供培训机会，重新整合各种宣传手段、资源以及完善管理模式等方式来帮助影院在激烈的竞争中求生存和发展。2007年2月，中影星美进行了具有历史意义的股权变更——中影集团增资扩股，股权从原来的40%增加至60%。

中影星美在做好商业大片放映的同时，通过多种措施，先后组织了国产片动员会、国产影片观影风暴套票、红色电影暑期活动、可口可乐中影星美国产片展映等多种活动，积极组织放映优秀国产影片和革命军事题材影片，并通过媒体的广泛宣传，在创造高额票房的同时，也扩大了影片的社会影响力。

在100多家影院中，既有位于北京、上海、深圳、成都、重庆、昆明和佛山等电影市场非常发达的大城市的多家五星级豪华影城，也有位于内蒙、西藏和贵州等省（市、区）电影市场相对欠发达的中小城市影院。这些院线在积极吸纳票房产出较高的大型影城加盟的同时，也主动承担院线公司的行业社会责任，扶植支持电影市场相对落后的西部地区和中小城市的小影院。

面对自身由于跨省扩张带来的"战线长、队伍年轻、经验相对缺乏"的问题，面对旗下许多影院不是资产联结的情况，院线依靠所辖影院所在地区力量，先后在成都、昆明、深圳和内蒙等6个省（市、区）成立了代理公司，以渗透院线管理。院线坚持"以人为本、服务至上、科学管理、守法经营、持续改进、创新发展、争创一流"的理念，强化了影院服务。多项数据表明，最初采取代理公司辅助经营的手法已经得到了切实体现，不仅避免了跨省、跨地区管理无法到位的弊端，相反利用当地资源，很好地将其组合，做大了市场份额，如参与投资了《大电影2》和《集结号》等影片。发行和广告领域，加强与社会机构广泛合作，如凭借北京市的公交一卡通可以在新影联各影院看电影，在影院内增设福利彩票销售网点，与招商银行合作开发新影银联卡等。此外，还加强品牌建设。积极倡导"新影联就在你身边"，制定院线"服务年方案"等。

中影星美在跨地区的拓展中，重视有效结合"全国性视角和本地化经营"，有效整合院线资源，进行品牌运作。同时，激励不同地区的影院开展创新性的个性化经营和服务。在院线发展报告会上，总经理陈连宝曾表示，中影星美不仅要做票房大户，也要做责任大户。依靠中影集团的行业优势，中影星美的发展目标是做真正意义上的大院线，跨区域最广、影院数量最多、票房成绩最好、影响力度最深等。

4. 通过相关政策鼓励外资进入文化产业领域

建议允许外商以独资或合资、合作的方式设立包装装潢印刷等企业。上文已经论述了详细情况，但是引进外资要警惕文化资本背后的文化霸权，提升本民族文化产业抗衡国外文化产业的能力，这在上文中也已做了论述。

案例：巴菲特频频出手文化产业，多元投资新媒体

据媒体报道，沃伦巴菲特旗下的伯克希尔哈撒韦公司曾以其在格雷厄姆控股公司28%的股份，获得该公司去年夏天新成立子公司的控制权。格雷厄姆控股原名华盛顿邮报公司，去年格雷厄姆家族将《华盛顿邮报》出售之后，便将公司改名为格雷厄姆控股。格雷厄姆控股目前的业务包括教育、电视台和在线杂志等。目前，伯克希尔哈撒韦拥有格雷厄姆控股170万股，控股比重约为28%。

巴菲特投资报业，引起A股跟风，曾导致A股平面传媒板块内15只个股全线上涨。其中，皖新传媒、长江传媒、博瑞传播、中南传媒、粤传媒、时代出版、浙报传媒、天舟文化、出版传媒、大地传媒和凤凰传媒等个股当日涨幅超2%。博瑞传播经营的《成都商报》属西南地区的强势平面媒体，在成都报业市场的广告份额高达40%以上，加上同属于成都日报集团、公司经营性业务亦参与其中的《成都日报》和《成都晚报》，在成都区域市场中居于绝对主导地位。此外，公司还持有成都每日经济新闻报社有限公司35%股权（投资成本2100万元）。

证券分析师认为，以平媒出版、有线网络为代表的传统媒体公司在传媒行业中整体估值水平处于相对低位，市场对其业绩预期相对保守，判断在未来可能出现的结构性回调行情中，传统媒体的下行空间已不大。同时，报业、出版等传统媒体公司的转型方向越来越倾向于全面拥抱新媒体业务，在改革政策扶持及新媒体转型的双重刺激下，传统媒体有望在"相对价值洼地"中形成投资机会。

5. 鼓励金融资本介入文化产业领域

金融资本在不同地域和行业之间，在不同的经济主体之间，不同的经济活动之间，已经形成了相对稳定的渗透渠道和制约机制。金融资本介入文化产业领域十分必要。金融专家汪保健和肖瑞林曾经指出，中国文化产业的发展，必须加大金融介入力度。假如没有金融的全方位介入，文化产业就不可能有大规模的发展[131]。鼓励金融资本介入文化产业领域，提高资本市场对文化产业领域投资的作用主要指通过证券市场对文化产业领域进行投资，这是扩大文化产业领域投资的重要途径。随着以信息交易为主要内容的金融业的迅速发展，文化产业的融资可以采用发行股票、债券，或者进行社会集资等直接融资方式，也可以采用流动资金贷款、固定资产贷款、房地产开发贷款、联营股本贷款、循环贷款、产权市场上的转让和拍卖、项目贷款、国际银团融资、出口信贷等间接融资方式，解决文化产业领域资本短缺问题。深圳华侨城集团投资文化旅游产业一个翅膀是产业投资，另一个翅膀是证券市场投资，包括吸引风险投资等。具体做法是由"锦绣中华"、"中华民俗文化村"、"世界之窗"、"欢乐谷"等4个主题公园和部分配套资产组成华侨城公司，并于1997年9月在"深交所"上市。2007年总资产已达31.7亿元，流通股市值已达18.7亿元。①

案例：未来5年浙江文化产业获银行授信额达1150亿

工商银行授信额300亿元、直接投资50亿元，中国银行授信额300亿元，交通银行授信额300亿元，国家开发银行授信额200亿元，杭州银行授信额50亿元……这是首届浙江文化产业项目推介会上，各大银行对一批重点文化项目的授信额度和直接投资额度，总额近1500亿元。未来5年，中国文化产业投资基金公司、国家开发银行、工行、中银和交行等银行的浙江省分行还将为浙江文化产业助力，授信额达到1150亿元。

巨额数字背后，是浙江金融资本对文化产业空前高涨的投资热情。近年来，浙江省文化市场主体不断壮大，不仅浙报传媒、华数传媒等国有文化集团成功上市，还涌现出创业板"电影第一股"华谊兄弟、"网吧软件第一股"顺网科技、"演艺第一股"宋城集团和"电视剧第一股"华策影视等一批民营企业。

---

① 资料来源于国家统计局网站。

目前，浙江拥有各类文化企业7万多家，在新闻出版、数字动漫和文化制造等方面领跑全国。尽管浙江文化产业实力不断提升，但仍然存在区域发展不平衡、产业基础较为滞后等亟待解决的问题。浙江省委、省政府出台的《关于进一步加快文化产业发展的若干意见》，对完成从文化大省向文化强省跨越，从"浙江制造"向"浙江智造"的转型升级，提出了新的更高要求。上述《意见》出台后，杭州、宁波和温州等地相继设立了"文创办"，筹备"文化银行"等专业性文化产业融资平台。2013年10月，杭州银行开设了国内首家文创支行，重点介入动漫游戏业、文化休闲旅游业等杭州市8大文创类重点产业，并将对文创企业贷款实行1.5倍于平均标准的风险容忍度，有助于缓解文创型企业由于"轻资产、弱担保"导致的融资难题。

此外，湖州、金华和舟山等地也结合自身实际，加大了对文化建设和文化产业发展的资金投入，在财税、土地和人才等方面出台了政策意见和实施细则。

三、投资方式多样化

文化产业投资方式主要有产业投资和风险投资。产业投资是对有市场前景的文化经营项目进行投资，在文化产品和服务通过市场出售后，获得投资超值回报。产业投资看重的是迅速扩大市场的占有率和销售后产生的利润。从世界范围来看，文化产业投资有许多方式，有的直接建立产业基地、购置房产和设备、形成规模化的生产能力；有的投资文化产业项目，通过大量文化产品销售来获得回报(如上海"红楼梦"项目公司等)；有的进行资本运作和产权交易，对文化单位进行并购和控股(如"时代——华纳公司"和"美国在线公司"合并)；有的建立贸易伙伴关系，共享扩大了的市场资源(如羊城晚报报业集团和香港上市公司TOM.COM互换股权，建立新的合作联盟)；有的建立投资基金，委托代理公司进行操作；有的买断形象和产品版权，利用不断增值的无形资产来实现资本回报等。风险投资是对文化单位的营利和管理能力进行投资，通过证券市场和产权交易市场出售股权，或者转让股权之后，兑现投资的营利。风险投资看重的是资本的快速扩张和市场值的不断提升[132]。文化产业投资方式的创新要确立文化单位是文化产业的投资主体，将文化产业进行分类，将文化产业各类项目分成竞争性项目投资、基础性项目投资和公益性项目投资三类。

117

1. 强化文化产业竞争性项目投资的市场调节

文化产业竞争性投资项目主要指投资收益较高，市场调节较灵活，具有竞争能力的一般性投资项目。把这部分文化产业项目的投资活动推向市场，由文化单位自主决策、自担风险，通过市场进行投资、建设和经营。政府要逐步从竞争性文化产业投资项目中退出，将竞争性文化产业投资项目的产权逐步向文化单位转让。要逐步用项目登记备案制代替行政审批制。要鼓励文化单位采取联合投资的方式，加快原有文化单位的技术改造，允许文化单位根据国家的有关规定通过发行单位投资债券和股票等在资本市场上直接融资[133]。

2. 拓宽文化产业基础性项目的投资渠道

这部分投资主要包括具有自然垄断性、建设周期长、投资量大而收益低的文化基础设施和需要政府进行重点扶持的一部分基础性文化产业投资项目，以及能够直接增强国家软实力的支柱性文化产业投资项目。这部分项目大多属于政策性投资范围，主要由政府集中必要的人力、物力和财力，通过间接实体进行投资，并广泛吸收和鼓励文化单位、地方政府及外商参加投资。对经济欠发达地区，中央政府和省、市、县级政府要按照项目定期、定量给予补贴[134]。鉴于当前中国经济发展和改革开放程度在各个地区间极不平衡，对于竞争性文化产业投资项目和基础性文化产业投资项目的投资范围，各地要因时制宜、因地制宜，采取灵活的投资政策来进行。

3. 扩大文化产业公益性项目的投资

这部分投资主要包括文化产业中涉及长远发展的产业性投资。这些项目投资主要由政府用财政资金来完成。除了特别重要的项目和必须由中央政府安排投资的文化产业项目由中央政府负责投资外，绝大部分文化产业投资项目由受益范围内地方政府来投资。部分项目在政府不搞摊派的前提下，还要鼓励捐资和由单位、个人投资。

四、投资机制市场化

1. 营造公平、公开和公正的投资环境

中国历史上是一个只有法制(Rule by Law，主要指刑法制度)而没有法治(Rule of Law)的国家。只是把法律看做一种工具，但不遵循法律，甚至完全撇开法律去办事。往往是利用不为公众知晓的"内部文件"和具有很大的不确定性的"政策规定"乃至"首长指示"

来治理国家和团体[135]。这一论断对目前的文化产业投资领域同样具有针对性。要提高文化产业投资回报率，就必须充分发挥投资主体和文化市场在整个投资体系中的作用。要充分发挥文化产业投资主体和文化市场的作用，就必须营造公平、公开和公正的投资环境。文化产业领域目前常见的问题是：一方面，大量的文化产业项目缺少资金；另一方面，大量的产业资本、金融资本和非公有资本想进入但又无法进入文化产业领域。其重要原因是文化产业领域缺乏健全的法制、法规体系和好的投资环境。随着中国进入WTO，国内的文化产业投资领域必须贯彻WTO的五大原则（即非歧视性原则、自由贸易原则、透明和可预见性原则、公平竞争原则、激励发展和经济改革原则），最终融入国际文化产业投资市场。要吸引更多的文化产业投资，必须坚持法治，营造一个公开、公平和公正的文化产业投资环境，在法律框架内，让市场杠杆去对投资者进行选择、淘汰和激励[136]。

2．对文化产业投资活动实行项目管理

文化产业投资活动项目管理是为了使文化产业投资活动取得好的社会效益和经济效益，根据项目的不同，采用不同的制度、程序、方法和手段，对文化产业投资活动和文化产业投资从业人员进行组织、计划、指挥、协调和监督的一系列活动[137]。对文化产业投资活动实行项目管理主要包括可行性研究、市场调查与预测、项目设计、经济评价、项目实施、项目评价等环节。在可行性研究阶段，文化产业投资从业人员必须搞清楚文化产业投资活动的收益。收益不仅包括经济效益，还包括社会效益。社会效益好，经济效益不会低；经济效益低，社会效益也不会好。文化产业投资从业人员要搞清楚可行性研究的组织与管理、如何做好可行性研究等问题。在市场调查与预测阶段，文化产业投资从业人员做好市场研究、市场调查和需求预测等工作。在项目设计阶段，文化产业投资从业人员不仅选择好项目设计的技术方案、设备方案和土建工程方案，还要估算项目费用、投资成本，并完成资金筹措等工作。在经济评价阶段，文化产业投资从业人员不仅对投资对象进行财务分析，还要对项目运行中可能遇到的不确定性进行分析。在项目实施阶段，文化产业投资从业人员对具体项目进行计划管理和项目监测，并对项目执行情况进行动态考核。在项目评价阶段，文化产业投资从业人员对已完成的项目进行项目竣工验收考核和项目审计等[138]。

3．实施积极的投资政策，实现投资分配重点转移

文化产业内部有不同的门类，如有依托现代信息技术的传媒产业和强调人性化接触的

娱乐产业。传媒产业是技术密集型产业，而娱乐产业是劳动力密集型产业，现在纽约、东京等国际中心城市的产业结构大多体现出后工业化发展阶段的主要特征。第三产业在GDP中的贡献率逐步提高。例如伦敦约为77%，东京约为70%，香港约为87%。[①]第三产业内部结构在不断升级，金融、管理、法律、研究与开发、通讯、传媒等高层次服务业所占比重较大，而且一般都是教育中心、科技中心、文化艺术中心、传媒中心和旅游服务中心。而文化产业本身的内部结构也在调整，一方面，能够吸附高科技成果的文化制造业和文化服务业，如传媒业、出版业、软件开发业等快速增长；另一方面，文化制造业和文化服务业对金融、商贸、物流、房地产、社区服务业等的渗透和重塑作用也在大大加强[139]。文化产业投资的总趋势是产业集中度和技术含量大大提高，投资者从寻求"规模优势"向"技术优势"转化，文化产业的信息化同信息产业的文化化已经成为当今时代的发展趋势。鉴于此，美国、加拿大、韩国、日本、欧盟等发达国家和地区纷纷投入巨资，抢占有文化内涵的高技术文化产业和有高技术含量的文化产业的制高点。1999年，加拿大集中了一批优秀的未来学家和技术专家，制订了《未来计划蓝本》，明确提出加拿大要在21世纪全球文化竞争中抢占数字化技术的制高点。因此，中国要确立文化产业投资优化的价值标准和基本目标，必须根据国际化和信息化的潮流，对现有的文化产业体系和结构进行动态审视，重新确立新的优化标准和目标，规划新的文化产业结构体系，并进行投资分配战略重点转移。

五、投资风险最小化

文化产业的投资风险很大，为促进文化创意产业快速发展，适当的风险控制就尤为重要。政府及金融市场层面的风险控制。通过政府引导，进一步完善市场机制，使市场发挥积极作用。在建立风险投资、私募股权基金等的同时，加大对社会上基金的吸引力度。时刻关注市场发展的规模，防止社会资源浪费的状况。同时，应该为文化创意产业营造一个良好的载体，搭建一个具有法制保障的信息平台。这样既可在一定程度上减少信息的不对称又顾及到了融资时的逆向选择问题。

企业财务层面风险控制。财务风险的大小决定了投资的风险程度和投资价格，准确把握各种财务风险、规范财务操作尤为重要。企业财务风险识别主要方法：提前审查，实地

[①] 资料来源于 http://www.upweb.net。

观察和查看财务报表。首先要注重投资前的会计审查。规范企业及投资项目的会计基础工作，审查项目选用的会计政策是否前后一致，财务报表是否以实际发生的交易或者事项为依据。审核在所有重大方面是否真实反映了发行人的财务状况、现金流量及经营成果，是否有注册会计师出具了无保留意见的审计报告等。对于投资项目或企业的知识产权、商标、专利等"软资源"项目，需要重点审查。关注最近一个会计年度的营业收入或净利润对关联方的依赖程度，查看资产的使用是否存在重大不利的变化风险。同时，还应审查企业盈利能力、资产的质量、负债率、现金流量，以及是否存在关联交易等。其次，建立有效地财务控制机制及财务风险预警。通过实际的真实情况确立会计处理原则和核算办法。建立起完善的信息管理系统，制定各种跟投、分配机制。再有就是要加强的财务预算管理，创意产业的项目具有前期投入大，生产周期长的特点，而且收入是通过出售（发行）以及其它方式如合作、授予、转让等获取收入，所以建议企业使用实时监控的方法，对出现新情况、新问题查找原因，并寻求补救措施，从而确保资金链不断裂。

有专家预测，我国的文化创意产业在未来5年存在1100亿美元的市场空间。所以，当大量的文化资本涌入的时候，我们应熟知它的的主要收益特点，秉承会计原则，坚持职业操守，从财务层面做好风险控制，使投资的项目和企业产生更强的持续盈利能力进而获得更高的投资回报。

第六章　文化产业投资新机制实现路径

　　中国长期以来一直把文化当作事业来办，文化建设所用的资金绝大部分由政府承担，认为文化不可以也没有必要产业化。现在中国已将文化中的某些门类和某些门类中的某些方面作为产业来办，从而不得不将文化产业投资和文化产业投资机制的课题研究列上议事日程。2003年后，国家实施文化体制改革。文化产业投资机制创新是文化体制改革的重要组成部分。通过文化产业投资机制创新，国家能充分挖掘国有文化资源的潜能，充分利用非公有资本和外资，大大促进文化产业的发展。从中国国情来看，要进行文化产业投资机制创新，解决文化产业发展过程中的资金问题，必须建立以政府投入为导向、以文化单位投入为主体、以非公有资本和外资投入为重要组成部分、以金融机构投入为补充、以"投资准入区别化、投资主体多元化、投资方式多样化、投资机制市场化"为特征的文化产业投资新机制。同时，还要探索建立符合市场规律的文化产业风险投资机制，不断完善文化产业资本市场等。这样能使资本投入产生高效益预期，让资本去推动文化产业发展，使文化产业投资按社会主义市场要求，实现从"一元化"向"多元化"的转变。能够形成政府加大投入力度，国有资本、非公有资本、外资、社会捐助、资本市场融资等途径共同发挥作用的文化产业投资新格局。结合第五章中文化产业投资新机制的设计原则和模式，本章设计了一个文化产业投资新机制市场化模式图（图6.1）。政府、文化单位、非公有资本持有者、外资持有者、资本市场、国内外捐赠人士、银行和文化中介等都是文化产业投资主体，而这8个主体之间的箭头表示它们之间的联结机制。文化单位是新机制运行的核心，其它7个主体都得围绕这一核心来运行。

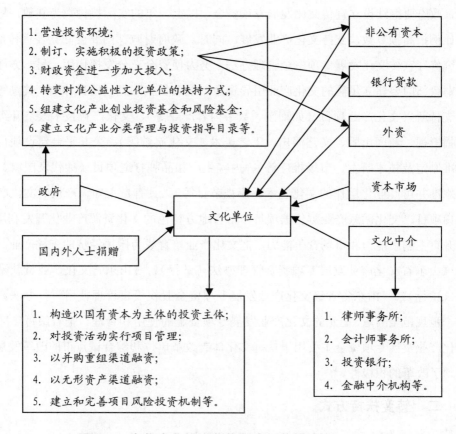

图 6.1　文化产业投资新机制市场化模式图

第一节　政府主导实施路径

一、加大财政投入

政府财政资金投入是文化产业资金积累最重要的来源，也是文化产业起步和形成良性循环的必要条件。要加快发展文化产业，政府必须加大财政资金投入力度，尤其是对发展文化产业基础工程中的产业基地硬件和软件建设及部分传媒、演艺场所设施建设等。一方面，政府要继续设立宣传文化发展专项资金，以上一年的实际拨付数为基数，每年按一定的比例抬高预算数，支持文化产业发展。同时，政府财政部门要会同党委宣传部等部门，研究修订宣传文化发展专项资金管理办法，努力使资金充分发挥作用。另一方面，各级政府财政部门要建立足额的文化产业引导资金，采取贷款贴息、项目补贴、奖励等方式，重点支持新兴文化产业项目（如动漫、数字内容产业等）、文化产业技术改造升级项目（如广播影视、新闻出版、文艺演出、工艺美术、文化旅游等）、公共平台建设项目（如行业标准制定及技术研发、市场推广等）、内容生产和品牌打造项目（如代表国家、省、市文化水准并可产业化运作的文化艺术、影视节目等）、具有自主知识产权的文化产品和服务出口项目、文化创意产业孵化器项目、富有地方特色的文化资源产业化开发利用项目等，提升自主创新能力和市场竞争能力，把文化产业培育成为国民经济的支柱产业。山东省出台《山东省文化产业发展专项资金管理办法（试行）》、《山东省文化产业贷款贴息管理办法（试行）》、《山东省省级文化产业发展专项资金股权投资管理使用暂行办法》等文件，进一步规范全省近3亿元的文化产业发展专项资金的使用和管理。把省级每年5000万元的文化产业发展专项资金主要用于扶持文化体制改革单位和综合试点市的改革发展，有效地调动了改革的积极性。①

二、转变扶持方式

政府财政资金对文化产业项目在资金上加大投入的同时，要切实转变政府财政资金的扶持方式和发挥政府财政资金的引导作用，以促进文化产业发展。从政府投资文化产业层面来看，政府投资文化产业的方式主要有投资补助、贴息、转贷等。对于文化产业园等基础设施项目和具有较高社会效益和经济效益的文化产业项目，政府财政资金应予以积极支持，但支持的方式不是以前的"统包统揽"方式，而应根据市场化原则，通过少量引导性直接投资，以及各类"文化专项资金"、"文化产业基金"、"文化创业投资基金"、"文化投资基金"等与国际惯例接轨的投资形式，吸引更多的非公有资本来参加项目的建设和发展。在推进文化产业投资机制创新的过程中，应当把重点文化产业项目的投资纳入政府综合经

---

① 资料来源于 2009 年 5 月 12 日中央文化体制改革工作领导小组办公室《文化体制改革工作简报》第 34 期。

济管理部门的年度计划，在国债投资、贴息贷款等方面给予积极支持，形成政府财政投资增长机制。对国有文化单位投资的文化产业项目，在政府财政资金给予支持的同时，要在土地使用等方面给予优惠。对由民营企业投资兴建的文化产业项目，要在投资核准、财税政策和土地使用等方面与政府投资兴建文化产业项目实行同等待遇。

三、鼓励非公有资本进入

提供私人文化产品和服务的文化产业领域，政府财政资金投入可以逐步退出，让市场发挥调节作用，鼓励和支持非公有资本进入。中国文化市场的开放时间节点和开放程度都远落后于经济领域的其它市场。20世纪80年代后期，演出和娱乐业对非公有资本开放引起了强烈的社会反应，指责声远多于赞同声。党的十六大以来，国家文化部、国家新闻出版广播电影电视总局等文化主管部门和地方政府相继发布了一系列文件，鼓励和支持非公有资本进入演出、网络游戏、出版发行、影视制作、影院建设等文化产业领域。国务院《关于非公有资本进入文化产业的若干决定》（国发〔2005〕10号）明确指出，放开投资准入领域，在鼓励非公有资本进入文化产业的同时，进行规范、引导，加强文化市场监管，从而促进文化产业有序、健康地发展。从意识形态或国家文化安全的角度，国家统计局于2004年4月1日发布的《关于〈文化及相关产业分类〉的通知》（国统字〔2004〕24号）把文化产业分成核心层（包括新闻服务、出版发行和版权服务、广播电视电影服务和文化艺术服务）、外围层（网络文化服务、文化休闲娱乐服务和其它文化服务）和相关层（文化用品、设备及相关文化产品的生产和销售）。对于核心层，坚持国家专营，禁止非公有资本进入。对于外围层，允许非公有资本进入这一领域并投资参股国有文化单位，但国有资本必须控股51%以上；对于相关层，鼓励和支持非公有资本进入。但是非公有资本进入这些领域，一方面，要充分认识投资文化产业的敏感性、复杂性。非公有资本持有者在投资前必须要对目前的政策、法规环境、市场机制和市场环境有充分地了解，有足够的心理准备，并对相关投资风险有准确的评估。另一方面，要谨慎地选择投资方向和投资目标。目前，文化产业领域多头管理现象严重，政策、法规针对性和可操作性不强，市场需求变化较快。非公有资本持有者敏锐地把握投资商机和了解政策走向尤为必要。江苏省鼓励和支持非公有资本以多种形式进入政策许可的文化产业领域，初步形成了以公有制为主体、多种所有制共同发展的文化产业发展格局。目前，江苏民营文化企业发展迅速，全省现有民营影视制作机构155家，民营文艺院团数量超过450家，民营博物馆近60家。2006年、2007年和2008年，江苏文化产业实现增加值分别为204.39亿元、587.35亿元和800亿元，分别占全省地区生产总值的2.02%、2.3%和2.6%。全省文化产业增加值连续保持近30%的增幅，并高于GDP的增长速度。2008年，仅省直新华日报报业集团等6大文化集团总资产达265亿元，净资产达183亿元，实现利润14.9亿元。[①]

四、鼓励金融机构支持

2014年3月17日，国家发布的《文化部、中国人民银行、财政部深入推进文化金融合作的意见》指出，要"创新文化金融服务组织形式。鼓励金融机构建立专门服务文化产业的专营机构、特色支行和文化金融专业服务团队，并在财务资源、人力资源等方面给予适当倾斜，扩大业务授权，科学确定经济资本占用比例，加大信贷从业人员的绩效激励，提高文化金融服务专业化水平。支持发展文化类小额贷款公司，充分发挥小额贷款公司在经营决策和内部管理方面的优势，探索支持小微文化企业发展和文化创意人才创业的金融服务新模式。在加强监管的前提下，支持具备条件的民间资本依法发起设立中小型银行，为文化产业发展提供专业化的金融服务。"银行等金融机构贷款是文化单位最常见的间接融资渠道。由于文化产业是高风险行业和银行机构还没有建立文化产业投资相应的评估体系等原因，很多银行不愿意放贷给文化单位，银行贷款还不是文化单位融资的主渠道。但是文化产业领域的文化单位在争取银行贷款时，只要注意合理规避风险，降低贷款坏账率，形成公司品牌和制作班底品牌，还是有可能从银行贷到款的。以影视制作行业为例，这个行业因为有影视制作班底在单项剧目完成后分散解体的特点，致使银行在考虑是否向其贷款时，存在较大的评估难度。若依照影视行业产业链的结构设定公司化运营模式，实现"产销一条龙"，将电影制作与发行统筹考虑，以解决影视产品的发行，即可实现产品融入市场后的投资回收。受资企业若向银行提供有效的投资收益证明，说明降低风险的可能性，是完全可以从银行贷到款的。以张国立、王刚和张铁林"铁三角"著称的组合为例，因其

[①]资料来源于中共江苏省委宣传部和江苏省统计局2006、2007和2008年分别编写的《江苏文化及相关产业统计概览》。

以前制作、发行了《铁齿铜牙纪晓岚Ⅰ、Ⅱ》在业内观众中形成品牌，"铁三角"再合作《铁齿铜牙纪晓岚Ⅲ》等其它作品时，银行很快就贷了款。国务院《关于推进文化创意和设计服务与相关产业融合发展的若干意见》（国发〔2014〕10号）指出，"鼓励企业发行公司债、企业债、集合信托和集合债、中心企业私募等金融企业债务融资工具。支持金融机构选择文化创意和设计服务项目贷款开展信贷资产证券化试点。鼓励银行业金融机构创新金融产品和服务，增加适合文化创意和设计服务企业的融资品种，拓展贷款抵（质）押物物的范围，完善无形资产和收益权抵（质）押权登记公示制度，探索开展无形资产质押和收益权抵（质）押贷款等业务。"国务院《关于加快发展对外文化贸易的意见》（国发〔2014〕13号）指出，"支持符合条件的国家文化出口重点企业通过发行企业债券、公司债券、非金融企业债务融资工具等方式融资。积极发挥专业增信机构作用，为中小文化企业发行中期票据、短期融资券、中小企业集合票据、中小企业私募债券等债务融资工具提供便利。支持符合条件的文化出口项目发行非金融企业资产支持票据和证券公司资产证券化产品。鼓励有跨境投资需求的文化企业在境内发行外币债券。支持文化出口企业在国务院批准的额度内，赴香港等境外人民币市场发行债券。"还指出，"鼓励金融机构按照风险可控、商业可持续原则探索适合对外文化贸易特点的信贷产品和贷款模式，开展供应链融资、海外并购融资、应收账款质押贷款、仓单质押贷款、融资租赁、银团贷款、联保联贷等业务。"并且指出，"积极探索扩大文化企业收益权质押贷款的适用范围。鼓励金融机构对符合信贷条件的国家文化出口重点企业和项目提供优质金融服务。"2014年3月17日，国家发布的《文化部、中国人民银行、财政部深入推进文化金融合作的意见》指出，要"开发推广适合对外文化贸易特点的金融产品及服务。积极支持文化企业海外并购、境外投资，推进文化贸易投资的外汇管理和结算便利化，完善金融机构为境外文化企业提供融资的规定，探索个人资产抵质押等对外担保的模式，提高文化企业外汇资金使用效率，防范汇率风险。积极发挥文化金融在自由贸易区、丝绸之路经济带、海上丝绸之路等建设中的作用。"

五、依法引入外资

1. 发展文化产业利用外资制约因素

产业资源结构决定着产业增长率的高低和规模效应的大小。根据北京大学文化产业研究院研究结果显示，中国文化产业发展面临的问题有57类。其中，最主要的问题是资金投入不足。中国文化产业资金过去长期过于依靠非市场化运作途径，主要是政府拨款等。计划经济体制积累的惯性，使国有文化资产缺乏资本属性。即使是实行市场经济体制后，国有文化单位因为是非法人主体，国有文化资产也难以充分进入文化产业投资体系中。目前，一般的文化单位融资的主渠道是吸纳非公有资本或外资。外资是中国发展文化产业资金来源的有益补充。前文已讲过，目前中国文化产业吸纳外资的数量还很少，经营规模还很小，行业分布还很窄等。制约外资进入文化产业领域的因素主要有：一是缺乏健全规范的法制环境。外商在决定到哪儿投资、投资何项目、投资多少资金等问题时，首先考虑的是投资的法制环境，尤其是知识产权保护等问题。客观地讲，中国法制环境还不健全，还没有专门的保护文化产业知识产权方面的法律，且部分知识产权单行法的法律效力等级不高，单行法与单行法之间重叠交叉或相互冲突，不便于法院或行政机关在处理案件时操作。二是缺乏诚信的人文环境。中国文化产业领域不诚信现象比比皆是，"商业贿赂"已经成了市场的潜规则，这严重破坏了公开、公平、公正的文化产业投资竞争人文环境。外商即使面对利润丰厚、前景广阔的文化产业项目，也不敢轻易投资。三是人才瓶颈。世界各国文化产业竞争，实质上是文化产业人才，尤其是高端人才的竞争。目前，中国文化产业领域极度缺乏高端原创人才和懂文化、善经营、通科技的复合型人才。据国家商务部网站显示，纽约文化产业创意人才占文化产业从业人员的12%，伦敦为14%，东京为15%。而中国即使在北京、上海等文化产业发展先进地区，文化产业创意人才占文化产业从业人员的比例也达不到0.1%。中国约需30万数字艺术人才，而现在从业人员还不到4万人等。

2．外资促进文化产业发展效应研究

①外资对文化产业资金积累具有拉动效应。外资投入文化产业领域，一方面，可以拉动文化产业积累资金，促进文化产业快速发展；另一方面，可以拉动文化消费，提高文化产业产值，还可以增强文化产业的抗风险能力。

②外资对文化产业竞争力具有提升效应。目前，制约中国文化产业竞争力最重要的因素是自主知识产权问题。中国文化市场上的产品，尤其是动漫游戏类产品，拥有自主知识产权的很少。而西方发达国家，尤其是美国、日本和韩国等国，动漫、数字技术类产业已成为国民经济的支柱产业，并拥有大量的自主知识产权。创意工具、电脑绘画板等关键技

术长期被国外厂商垄断，在一定程度上削弱了中国文化产业的竞争力。外资进入文化产业领域，不仅可以给国内文化产业发展带来资金，而且可以增强国内文化产业科技研发能力，使更多的文化产业项目拥有自己的自主知识产权，形成文化单位的核心竞争力，促进文化产业快速发展。因此，中国应该抓住跨国公司目前加大对华投资的机遇，提升文化产业的核心竞争力。

③**外资对文化产业科技水平具有提高效应。**西方发达国家的文化单位具有极高的科技水平。中国加入WTO后，随着国外大型文化跨国公司进入中国并扩大投资规模，外资文化单位对国内文化单位注资后，必然会将自己单位的先进科技和先进设备带进中国，从而使中国文化单位的科技水平大大提高。按照联合国贸易发展委员会根据技术水平划分的行业标准，截至2007年底，在被统计的1204家跨国公司在华投资文化单位中，属于低技术行业的有217家，中等技术行业的有684家，高技术行业的有303家，中高技术行业占全行业的83%。同时，随着中国经济的持续增长，跨国文化公司对中国文化产业的投资，技术投资占越来越大的比例，并且投资技术的等级越来越高。中国文化单位在接受跨国文化公司注资过程中，通过人员交流、市场竞争等途径，必将逐渐促进自己整体技术水平的提高。

④**外资对文化产业品牌形成具有促进效应。**外资涌入，可缓解中国文化产业发展资金短缺的问题，拓宽文化产业融资渠道，改进文化产业经营模式，促进知名文化单位和知名文化品牌形成。建立知名文化单位和知名文化品牌，不仅可以扩大文化单位的无形资产，提高产品的出售价格，赢得财气，而且可以使其它资本、人才、管理经验甚至优惠政策进一步聚合到这个文化单位或产品上，形成聚合效应，从而使企业或产品聚合了更多的人、财、物等资源，进一步促进文化单位发展和文化品牌提升。

3. 外资与文化产业发展相关性计量检验

为正确认识外资在中国文化产业发展中的作用，本书选择2012年中国部分省（区、市）的外资（FDI）数据与城镇文化产业产值(WHCYCZ)数据进行回归分析。相关数据和回归分析结果见表6.1和图6.2。

采用最小二乘法，估计文化产业产值对FDI的回归方程，Eviews软件的输出结果如下

$$WHCYCZ = 51.59 + 0.11FDI。$$

上式说明，每1元的外资，带来0.11元的文化产业产值（城镇）。如果考虑农村的文化

表6.1　2012年部分省（区、市）外资与城镇文化产业产值数据关联表①

项　目 地　区	人均 文化用品	人均 文化服务	人均文化消费 （元/人）	人数 （万人）	文化产业产值 （亿元）	FDI （亿元）
北　京	809.41	730.74	1540.15	1333.257	205.3416	697
天　津	432.74	269.88	702.62	814.0975	57.20012	686
河　北	243.91	167.70	411.61	2651.591	109.1421	247
山　西	260.58	207.44	468.02	1451.588	67.9372	111
内蒙古	307.47	229.48	536.95	1165.901	62.60304	148
辽　宁	206.67	136.01	342.68	2519.463	86.33695	945
吉　林	235.27	163.10	398.37	1442.373	57.45982	308
黑龙江	209.70	149.99	359.69	2045.305	73.56758	137
上　海	702.85	503.60	1206.45	1609.905	194.227	2255
江　苏	404.61	341.02	745.63	3918.45	292.1714	3243
浙　江	448.58	444.94	893.52	2813.7	251.4097	1257
安　徽	200.70	125.42	326.12	2266.81	73.92521	183
福　建	370.62	317.84	688.46	1707.84	117.578	878
江　西	212.52	261.53	474.05	1678.375	79.56337	232
山　东	354.57	214.86	569.43	4291.449	244.368	885
河　南	231.62	192.24	423.86	3049.582	129.2596	233
湖　北	221.30	219.39	440.69	2493.534	109.8875	280
湖　南	269.64	339.29	608.93	2454.988	149.4916	213
广　东	406.00	604.23	1010.23	5861.52	592.1483	3143
广　西	230.76	221.85	452.61	1634.662	73.98642	180
海　南	206.84	145.31	352.15	385.396	13.57172	118
四　川	221.29	274.85	496.14	2801.967	139.0168	199
贵　州	226.57	287.84	514.41	1031.722	53.07279	26
云　南	190.87	242.22	433.09	1367.315	59.21705	107
陕　西	280.33	226.36	506.69	1461.132	74.0341	149
甘　肃	277.38	211.93	489.31	810.2054	39.64416	28
青　海	199.33	257.73	457.06	215.1448	9.833408	20
宁　夏	284.18	236.07	520.25	259.72	13.51193	44
新　疆	230.45	127.29	357.74	777.77	27.82394	26

---

① 数据来源于国家统计局《中国统计年鉴》（2012年），北京：中国统计出版社。

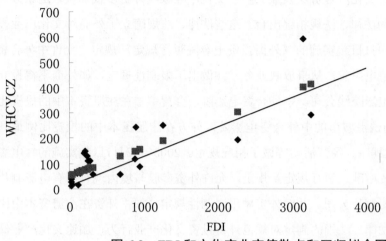

图 6.2 FDI 和文化产业产值散点和回归拟合图

产业产值，这一系数将会更大。相关系数为0.8397，接近1，说明文化产业产值与外资是高度正相关关系[140]。

4. 利用外资发展文化产业对策研究

①放宽政策，鼓励外资以不同方式进入文化产业领域。鉴于目前中国文化体制改革现状和利用外资的数量还很少、规模还很小、行业分布还很窄的情况，应鼓励外资直接投资文化产业领域。国家文化部和国家新闻出版广播电影电视总局等主要文化产业管理部门应逐渐改变过去对外资进入文化产业领域管得太紧、太死的现状，在不影响国家文化安全的前提下，逐渐降低外资进入文化产业领域的门槛，修改和完善外资进入文化产业领域的相关政策和法规，积极引导和鼓励外资进入文化产业领域。在引进外资的方式上，建议允许外商以独资或合资、合作的方式设立包装装潢印刷、书报刊分销、可录类光盘生产、艺术品经营等企业。但是要禁止外商投资设立和经营新闻机构、广播电台（站）、电视台（站）、广播电视传输覆盖网、广播电视节目制作及播放公司、电影制作公司、互联网文化经营机构和互联网上网服务营业场所（港、澳除外）、文艺表演团体、电影进口和发行及录像放映公司。禁止外商通过出版物分销、印刷、广告、文化设施改造等经营活动，变相进入频道、频率、版面、编辑和出版等领域。

②**健全法规，促进文化产业健康发展**。随着文化产业吸收外资步伐加快，国家鼓励外资进入文化产业领域的法律、法规相继出台。这些法律、法规确立了外商对文化产业投资的基本框架。2004年1月1日起实施的《外商投资电影院暂行规定》规定，允许中外合资、合作企业，新建、改造电影院，从事放映业务。并做出了限制性规定，如外商不得设立独资电影院，不得组建电影院线公司。中外合资电影院，合营中方在注册资本中的投资比例不得低于51%，对全国试点城市的中外合资电影院，外方在注册资本中的投资比例最高不得超过75%，并对审批程序、经营活动等做了相应规定。2003年12月1日起实施的《电影制片、发行、放映经营资格准入暂行规定》规定，允许外资参股与境内现有国有电影制片单位合资、合作成立电影制片公司。并对外资做出限制性规定，如"外资在注册资本中比例不得超过49%"。这些法律、法规的制定对规范外资投资文化产业行为，加速文化产业健康发展起了推动作用。随着文化产业利用外资速度的进一步加快，进一步健全法律、法规显得尤为必要，特别是新闻出版等意识形态较强的领域。

③**循序渐进，关键领域仍要保持国有资本控制力**。文化产业生产、销售的是精神产品和服务，具有意识形态属性和政治属性，并涉及国家文化安全，所以文化产业领域利用外资必须遵循适度开放、循序渐进的原则。对于容易控制，对国家文化安全不直接造成影响的行业，如文化娱乐、艺术演出和图书馆等行业，可以加快对外资开放的步伐，与外资进行多方位合作。对较为敏感的新闻出版、广播电视等直接影响上层建筑稳固的行业应坚决保持国有经济控制力。目前，中国已经将新闻出版业的经营领域对外资开放并制定了相应的政策规定，在新闻内容宣传上禁止外资进入。这些规定可以切实保证新闻出版、广播电视舆论阵地的稳固。

④**优化结构，提高外资使用效率**。文化产业长期以来国有经济一统天下的格局造成了企业投资效率低下、技术落伍、管理落后、人员老化等问题。这严重影响了企业的投资效益和运营质量。因此，有效利用外资，加速文化产业结构调整和优化是实现文化产业快速发展的重要途径。在书刊发行、文化娱乐、电影电视节目制作、艺术表演等领域广泛利用外资的同时，还要吸收国外先进技术和管理经验，优化投资结构，提高外资使用效率，使文化产业发展水平得到迅速提升。近几年来，外资对文化产业领域的投资主要集中在民营文化单位。因此，加大外资对国有文化单位的投资显得尤为必要。

⑤**鼓励跨国经营，提高文化产业国际竞争力。**鼓励中国文化单位走出国门发展，是实现中国文化与外国文化抗衡的重要手段，也是增强中国文化产业国际竞争力的有力举措。近年来，广播电影电视、报刊出版、图书发行等行业提出了组建跨地区、跨行业、跨所有制、跨国界的大型企业集团战略。但从实施情况来看，中国文化单位"走出去"战略事实上步伐并不快，从事跨国经营的文化单位还是凤毛麟角。因为中国文化单位缺乏完善的市场运营机制和坚强的经营能力，在对外文化交流活动中，除极少数项目盈利外，大多数项目只是"赔本赚吆喝"。因此，积极实施"走出去"战略已经成为增强文化产业国际竞争力的当务之急。一方面，要以国有大型文化单位为主体形成一批大型跨国文化集团。目前，中央及部分省（区、市）相继成立了广播电影电视、新闻报刊、出版发行、娱乐演出等文化集团。这些集团在资产规模和综合实力上具备了跨国经营的条件，当务之急是要出台相关政策，鼓励这些集团尽快"走出去"，实现跨国经营。另一方面，要鼓励民营文化单位实现跨国经营。从目前发展现状看，民营文化单位不仅已经成为中国文化产业发展的主体，而且经营状况普遍好于国有文化单位，具有强大的国际市场竞争能力。只要给予适当的优惠政策和切实的支持措施，民营文化单位在跨国经营上会取得显著成效。

六、组建各类基金

建立文化创业投资基金可以为文化产业类项目和文化单位提供创业和发展资金，培育新的文化产业经济增长点，促进文化产业结构优化升级，为文化产业利用资本市场直接投资，向国际化发展创造条件。文化创业投资基金的示范效应将引导社会机构和个人投资者及境外投资机构的资金流向文化产业，营造优良的市场环境。由多级政府共同出资，吸引非公有资本投资参股，建立文化产业创业投资基金，用于开发中小科技型文化产业项目和支持创业投资，以加快文化创意、文化博览、数字传输、网络游戏、动画、卡通等新兴文化产业发展。宣传文化主管部门要充分发挥政策的宏观调控作用，拓宽文化产业资金投入渠道。财政部门要做好专项资金的预算安排。专项资金使用部门要按照有关财政法规要求，健全制度，加强管理，建立和完善文化专项资金项目申报、评审、立项和使用管理办法。对各项资金包括接受的捐赠资金，要按规定用途用于文化产业，不得挤占、挪用或私分，不得以捐赠为由，搞乱摊派、乱集资活动。各地区相关部门要抓住当前党中央、国务院高

133

度重视未成年人思想道德建设，而网络游戏、动画、卡通等少儿类节目资源短缺的机遇，政府财政拿出部分引导性资金，吸引电子、机械、纺织、石化、建材等门类工业的闲置资本和有关非公有资本投资参股，组建区域文化产业创业投资基金和风险投资基金。积极鼓励广电、电影、出版、报纸等相关国有文化单位和中、小民营科技文化单位进入网络游戏、动漫卡通、创意设计等新兴文化产业，并在创业投资和项目孵化方面提供专项资金支持，以实现区域内包括文化创意产业在内的新兴文化产业的迅速起步和健康发展。政府要按照建设公共财政的要求，加大资金管理力度，完善投入方式，增强导向作用，提高投资效益。如江苏省筹集20亿元，设立省级文化产业发展基金，打造文化产业投融资平台，对重大文化项目、重点文化企业给予扶持。国务院《关于推进文化创意和设计服务与相关产业融合发展的若干意见》（国发〔2014〕10号）指出，"政府引导，推动设立文化创意和设计服务与相关产业融合发展投资基金。积极引导私募股权投资基金、创业投资基金及各类投资机构投资文化创意和设计服务领域。"这一文件的出台，又为建立文化产业投资基金及基金的规范运营提供了政策保障。

七、建立投资目录

建立文化产业分类管理与投资指导目录是政府引导各类资本进入文化产业领域应做的工作。本书参照国家相关制度和表格，制订了《非公有资本投资文化产业指导目录》（见全书最后附表）。需要特别说明的：一是根据有关法律、法规和政策，编制本目录；二是本目录所指非公有资本投资文化产业是指投资者不用政府资金投资文化产业。投资资金中部分使用政府资金的，不论政府资金所占比例大小，按政府投资资金管理，不适用于本目录；三是本目录所指非公有资本不包括外商投资和港、澳、台投资，外商投资和港、澳、台投资文化产业，不适用于本目录；四是本目录关于文化产业的分类，以国家统计局制定的《文化及相关产业分类》为基础，结合促进文化产业发展的政策导向，将文化产业分为鼓励类、允许类、限制类、禁止类；五是非公有资本投资成立文化产业企业，须依法向工商行政管理部门申请登记注册；六是非公有资本投资文化产业固定资产投资项目，须按目录中"固定资产投资项目数量"列示的方式向发展和改革行政管理部门申请备案或核准；七是目录中的"特别行业管理"是指行业管理部门对特定行业有关行业准入、经营管理等方面的特别规定；八是环境保护、土地使用、城市规划等按国家法律、法规规定的程序办理许可手续；九是固定资产投资项目的核准和备案具体手续，按中国政府关于企业投资项目核准和备案办法进行等。

第二节　单位主体实现路径

一、构建投资运营主体

建立文化产业投资新机制的关键是塑造文化单位这些市场投资主体，并使之承担文化市场投资风险，成为自主经营、自我积累、自我发展、自我激励、自我约束的市场运营主体，让市场在文化资源和要素配置中发挥基础性作用。塑造文化单位市场投资主体的主要途径是：一方面，对符合条件的国有大型文化单位进行国有资产授权经营，使之成为国有文化产业投资运营主体；另一方面，从本地区的文化事业建设费和财政有关投资中拿出一部分，集中使用，组建文化产业投资公司，并吸纳非公有资本，成为由国有资本控投或混合所有制的文化产业投资运营主体，对发展前景好的重点文化产业项目进行开发，对新兴文化产业项目进行引导性、示范性的投资与运营。西安曲江文化产业投资（集团）有限公司投入资本3000万元，对原西安秦腔剧院固定资产进行置换，并出资1000万元注册成立西安秦腔剧院有限责任公司。西安秦腔剧院有限责任公司属西安曲江文化产业投资（集团）有限公司的全资子公司，完全按市场化方式管理、运作，下设易俗社、三意社、梦回长安三个非法人演出分公司。这种"一总三分"的架构和体制，既能有效整合资源，面向市场；又可以保留易俗社、三意社两个百年剧社品牌，推动秦腔艺术的传承发展。[1]江苏省打破了按地区、按行业、按部门分配资源的方式，打造出了一批文化领域的战略投资者。新华日报报业集团出资1320万元（占注册资本的60%）与苏州吴中集团联合组建了苏州新东印务有限公司；出资5000万元参股了紫金财产保险公司；出资1000万元与省广电集团共同建设

---

[1]资料来源于2009年7月2日中央文化体制改革工作领导小组办公室《文化体制改革工作简报》第55期。

石湫影视基地等。江苏省广电集团引入24960万元，组建了江苏好享购物有限公司、蓝海华谊兄弟国际文化传播江苏有限责任公司等近10个战略投资者。凤凰出版传媒集团出资5500万元与北京共和联动文化公司合资成立了新公司；出资1500万元与法国阿歇特图书集团合资成立了新公司；出资6000万元在浙江、贵州和上海等省（市、区）建成了6家中心书店；还分别是南京证券和南京银行的第二大股东。江苏省广电网络信息有限公司吸收业外社会资本196391万元，推动数字电视整转，拓展发展空间；向安徽省马鞍山市6000户互动电视用户提供信息源等。江苏省演艺集团引进社会资本5900万元（占总注册资本的59%）成立了江苏省演艺文化产业股份有限公司；引进社会资本980万元（占总注册资本的49%）成立了北京中视广联文化发展有限公司。新华、广电、凤凰、广电网络四大集团将共同出资组建网络股份有限公司，新华报业集团的新闻内容、广电的视频、凤凰的数字出版、广电网络开发的网络服务产品，将全部整合到这张网络之中。江苏还准备投资5亿元，组建江苏影视集团，将南影、石湫影视基地及3条电影院线整合打包进去，使其成为全国最大的影视剧生产集团之一等。

二、以并购重组渠道投资

并购重组渠道投资是文化单位发展壮大的重要途径。文化单位规模经营的实现不仅依靠内部积累，还可借助外部力量，通过兼并、购买等手段，将别人已经形成的生产经营能力并入自己手中。并购重组不仅可以使文化单位达到传统投资的目的，更能实现规模扩张、优化资产结构、促进经营机制转换，继而获得较快的发展。2003年1月，由中国保利集团公司与长影集团共同组建的大型影视公司"东方神龙影业有限公司"正式挂牌。2003年11月20日，东方神龙影业有限公司与北京博纳文化交流有限公司资产重组，成立北京保利博纳电影发行有限公司。2003年12月17日，由保利文化艺术有限公司与华亿传媒合作成立的保利华亿传媒控股有限公司正式成立。这是中国文化产业首次国营牵手民营。保利华亿的成立是中国最大的一桩文化产业并购。2005年2月3日，在香港上市的友利控股公司斥资55亿港元购入北京保利华亿传媒文化公司50%股权。受此消息影响，"友利控股"股价当日大幅飙升，上涨1127%。"友利控股"收购"保利华亿"股价翻番。通过这些重组、并购，保利集团扩大了规模，拓展了运营空间[141]。海南凤凰新华发行有限责任公司是由江苏省新华书店集团有限公司以现金注资控股51%，海南省新华书店集团有限公司以有效经营性资产注资49%组成的股份公司，于2008年5月9日正式挂牌成立。公司成立以来，充分利用江苏、海南两省优势资源，创新体制机制，加快发行网络建设和品牌形象提升，效益不断增长，在应对金融危机中迸发出勃勃生机，成为我国出版发行业以资本为纽带、跨行政区划战略重组的成功范例。[①]

三、以无形资产渠道投资

文化产业的竞争不仅是单纯的物质资产的竞争，也是人才、品牌等无形资产的竞争，是文化单位有形资产与无形资产综合实力的竞争。国务院《关于推进文化创意和设计服务与相关产业融合发展的若干意见》（国发〔2014〕10号）指出，"建立完善文化创意和设计服务企业无形资产评估体系。"文化产业的投资范围不仅是在货币资本等有形资产之间进行融通，还是在有形资产与无形资产之间进行融通。文化产业无形资产主要指文化产业从业人才和文化品牌投资策略。文化产业从业人才和文化品牌投资策略作为无形资产投资的主要方式，是文化产业未来发展的重要投资方式。由现代发展经济学可知，经济中的生产函数可描述为 $Y = AK^{\alpha}L^{\beta}$，其中 A 表示生产函数随时间变化的累计效应，代表技术水平，K 为资本投入量，L 为劳动投入量。如果其它条件不变，技术水平提高，经济发展加快；如果技术水平不变，其它要素投入不断增长，经济就会增长。但由于在现实世界中，许多自然资源稀缺的、非再生的，故资本 K 是稀缺额，必须节约使用。而劳动力资本是可再生的，不是稀缺资源，可以不断通过培训、教育获得，而且技术水平的提高也依赖于人力资本的提高。因此，人力资本是可持续发展的源泉。当在生产函数中引入教育因子 S 时，则生产函数可变为：$Y = AK^{\alpha}L^{\beta}S^{\gamma}$，对时间 t 求导数后

$$\frac{\mathrm{d}Y}{\mathrm{d}t} = A\alpha K^{\alpha-1}L^{\beta}S^{\gamma}\frac{\mathrm{d}K}{\mathrm{d}t} + AK^{\alpha}\beta L^{\beta-1}S^{\gamma}\frac{\mathrm{d}L}{\mathrm{d}t} + AK^{\alpha}L^{\beta}\gamma S^{\gamma-1}\frac{\mathrm{d}S}{\mathrm{d}t},$$

$$\frac{\mathrm{d}Y}{\mathrm{d}t}/Y = \alpha\frac{\mathrm{d}K}{\mathrm{d}t}/K + \beta\frac{\mathrm{d}L}{\mathrm{d}t}/L + \gamma\frac{\mathrm{d}S}{\mathrm{d}t}/S\text{。}$$

[①] 资料来源于 2009 年 6 月 29 日中央文化体制改革工作领导小组办公室《文化体制改革工作简报》第 51 期。

令 $\dfrac{\mathrm{d}Y}{\mathrm{d}t}/Y=y,\dfrac{\mathrm{d}K}{\mathrm{d}t}/K=k,\dfrac{\mathrm{d}L}{\mathrm{d}t}/L=l,\dfrac{\mathrm{d}S}{\mathrm{d}t}/S=s$ ，则生产函数又变为

$$y=\alpha k+\beta l+\gamma s$$ 。

由此说明教育因子对经济增长具有乘数效应，而且教育又是导致和加速技术创新、创造机会公平的有效途径之一。因此，为吸引投资，加快文化产业发展，要改革文化产业人才管理制度，建立和完善文化产业人才市场体系，促进文化产业人才合理流动；要深化文化产业分配制度改革，加大成果奖励力度，建立高层次文化产业人才津贴制度，加快文化产业人才职称改革步伐，完善文化产业人才激励政策；要实施高层次文化产业人才培养工程，强化用人单位吸纳、培养、使用人才的主体地位，建立和完善文化产业人才培养系统；要拓宽高层次文化产业人才引进渠道，完善引进文化产业人才优惠政策，全方位吸引各类高层次文化产业人才，从而使中国拥有一批拔尖的懂文化、善经营、通科技的复合型人才。

第三节　社会捐赠扶持路径

非营利性公益文化产业项目应是国有资本的主要投资项目。然而，国有资本对这一领域进行重点投资，并不意味着排斥非公有资本也对这一领域进行投资。从国际经验和中国实践来看，非营利性公益文化产业项目往往是非公有资本捐助感兴趣并有所作为的领域。鼓励捐资兴建各类公益性文化产业项目既是非公有资本持有者回馈社会、体现自身社会价值的重要途径，也是其扩大社会影响、增加企业或个人知名度的一种重要方式。国办发〔1996〕37号文件规定，凡纳税人对文化行政管理部门批准成立的非营利性公益文化项目和国家重点演出院团进行捐赠者，经税务主管机关审核，在年度应纳税所得额3%以内予以扣除。国办发〔2006〕43号文件规定，社会力量通过国家批准成立的非营利性公益组织或国家机关对宣传文化单位的公益性捐赠，经税务机关审核后，纳税人缴纳企业所得税时，在年度应纳税所得额10%以内的部分，可在计算应纳税所得额时予以扣除；纳税人缴纳个人所得税时，捐赠额未超过纳税人申报的应纳税所得额30%的部分，可从其应纳税所得额

中扣除。这两个政策极大地调动了社会各界捐资兴建各类非营利性公益性文化项目的积极性。为鼓励社会各界参与非营利性公益性文化项目建设,要进一步提高对捐赠者应纳税所得额的扣除比例,形成非营利性公益文化项目以国家投资为主体、引导社会资金广泛参与和捐赠的多元资金筹措机制。此外,政府还应给捐助者一定的社会荣誉,对协助捐赠的中介机构或中介人给予一定的奖励,并扎实做好宣传工作,在全社会形成浓烈的捐资兴建各类公益性文化产业项目的舆论氛围。

第四节 文化中介辅助路径

在市场经济条件下,发展区域文化产业,培育区域文化市场,实现文化资源和要素的优化配置,离不开一支素质好、业务精的文化市场中介组织和专家队伍。以研究策划、投资咨询、市场经纪为主体的文化市场中介组织和专家队伍,能够在文化产业项目投资的智力咨询、提供市场信息、沟通供需双方、组织协调、前期市场调研、资源评估和策划论证、国有文化单位改制方案的设计,上市投资、市场推广、人才培训、节约机会成本、提高项目成功率、避免投资盲目性和实现决策科学化等方面发挥巨大的作用。鉴于中国国情,大力发展市场经纪等文化产业中介组织,一是要提高对文化市场中介组织和专家队伍在文化产业发展和文化市场建设中的重要地位和作用的认识,并制定发展文化市场中介组织和专家队伍的行业规划;二是要适当引进有信誉的文化市场中介组织和知名度较高的专家人才,采取项目合作和"传、帮、带"的方式,加快文化市场中介组织和专家队伍成长的步伐;三是要采取强有力的措施,促使政府、高校和国有研究单位的有关专家面向文化市场,形成产、学、研相结合的文化产业发展体系。文化产业中介机构包括律师事务所、会计师事务所、投资银行、金融中介机构、专业评估机构和顾问公司等。

一、律师事务所

文化产业投资涉及项目选择、项目论证、项目融资、项目投资、项目管理和资金退出等诸环节,而每个环节都需要法律服务。文化产业投资如果没有法律保护,必将陷入冒险和法律的陷阱。律师在文化产业投资中主要是充当法律顾问的角色。律师不仅提供法律咨询服务，还可以协助文化企业谈判，签订各种协议，利用自己的社会关系，帮助文化企业投资或者解决棘手问题。文化产业投资业务的发展给律师带来了前所未有的挑战，他们不仅要了解中国文化、文化产业、文化产业投资方面的法律制度，还要了解当地的优惠政策，并与经济发展保持同步前进。现有律师事务所文化产业专业人才奇缺。面对律师国际化和专业化的趋势，尽快对律师进行文化、文化产业、文化产业投资方面内容的再教育，努力使他们成为懂文化、懂经营、懂科技的复合型律师。

二、会计师事务所

文化产业会计师事务所的任务是为文化产业投资提供项目财务审计服务，为文化单位提供财务咨询服务。会计师是在文化单位需要出售、收购、重组或上市时，为文化单位提供财务顾问服务。注册会计师的职责就是提供真实、公正的会计信息，降低文化产业资本持有者使用会计信息进行决策的风险，保护文化产业资本持有者的合法权益。目前，中国的会计师事务所盲目求洋，照搬国际条文和方式，缺乏创新意识，并且还存在着规模小、竞争力弱、行业垄断、过度压价的现象。许多会计师事务所片面追求经济利益，审计工作流于形式，客观上为文化企业做假账提供了条件。就文化产业主管部门而言，要加强引导会计师事务所多研究文化产业投资问题，并加强熟悉文化产业投资事务的会计师的教育和管理，以便在文化产业投资中充分发挥作用。

三、保险机构

保险机构是文化产业投资链条中的一个重要环节。国务院《关于推进文化创意和设计服务与相关产业融合发展的若干意见》（国发〔2014〕10号）指出，"建立社会资本投资的风险补偿机制，鼓励各类担保机构提供融资担保和再担保服务。鼓励保险公司加大创新型文化保险产品开发力度，提升保险服务水平，探索设立专业文化产业保险组织机构，促进文化产业保险发展。"国务院《关于加快发展对外文化贸易的意见》（国发〔2014〕13号）指出，"鼓励保险机构创新保险品种和保险业务"、"鼓励融资性担保机构和其他各类信用中介机构开发符合文化企业特点的信用评级和信用评价方法"和"推进文化贸易投资的外汇管理便利化、确保文化出口相关跨境收付与汇兑顺畅，满足文化企业跨境投资的用汇需求"等。因此，在文化产业投资的各个环节中，如何充分、合理、科学地使用保险机构这一环节是政府、企业和市场需要共同研究的新课题。

四、投资银行

文化产业投资银行既不是投资公司也不是银行，是以资本为经营对象的金融机构。文化产业投资银行的主要任务是进行证券承销和在一级市场上筹集资金，在二级市场上进行证券交易，帮助文化单位上市，在文化单位兼并、收购和重组中充当财务顾问，帮助文化单位准备兼并收购的条件，提供兼并收购所需要的资金等。文化单位因为将主要精力放在生产、经营上，无力顾及投资和资本运营，并不精谙投资和资本运营的流程和技巧。因此，文化单位需要投资银行的专业服务。即使是专业的投资公司也需要投资银行的专业服务，因为投资银行不仅经验丰富，而且对投资项目有很深入的了解，手中掌握着众多的信息和资金资源。1979年，香港李嘉诚收购英资企业"和记黄埔"时，汇丰银行为其充当投资顾问，并为其筹到2亿港币，才使这项收购交易得以顺利进行。

五、金融中介机构

文化产业金融中介机构具有专业的文化产业投资知识，熟悉文化产业风险资本的投资标准，与各界企业家保持密切联系，是文化产业风险投资家与各界企业家进行接触的必要桥梁。金融中介机构可以为文化单位提供两方面服务：一方面，可以帮助文化单位准备一份好的投资计划书；另一方面，可以为文化单位提供投资服务，寻求风险投资公司或其它投资者，并协助文化单位进行谈判，直至投资成功。2014年3月17日，国家发布的《文化部、中国人民银行、财政部深入推进文化金融合作的意见》指出，要"建立完善文化金融中介服务体系。支持有条件的地区建设文化金融服务中心，通过政策引导、项目对接、信息服务、业务培训、信用增进、资金支持等方式，服务于文化企业和金融机构，促进文化与金融对接，扶持骨干文化企业和小微文化企业，搭建文化金融中介服务平台。推动文化产业知识产权评估与交易，加强着作权、专利权、商标权等文化类无形资产的评估、登记、托管、流转服务。鼓励法律、会计、审计、资产评估、信用评级等中介机构为文化金融合作提供专业服务。在清理整顿各类交易场所基础上，引导文化产权交易所参与文化金融合作。建立完善多层次、多领域、差别化的融资性担保体系，促进银行业金融机构与融资性担保机构加强规范合作，为文化企业融资提供增信服务。"因此，要组建文化产业金融中介机构，帮助文化单位寻求风险投资公司或其它投资者，重点对全局性、战略性文化产业投资项目进行风险投资[142]。

<h2 style="text-align:center">第五节　资本市场助推路径</h2>

资本市场是实现文化产业跨越式发展的助推器，是文化产业投资资金来源的重要途径。随着中国金融业的迅速发展，文化单位进入资本市场，一方面，可以通过发行股票、债券或进行社会集资等直接融资方式融资；另一方面，可以通过流动资金贷款、固定资产贷款、联营股本贷款、循环贷款、产权市场的溢价转让和拍卖、项目贷款等间接融资的方式解决资金短缺的问题。2002年，中国证监会颁布的《上市公司行业分类指引》中，已将"传播与文化产业"确定为上市公司的13个基本产业门类之一。这说明无论是国有还是民营文化单位在上市投资方面已经基本没有政策障碍。2014年3月17日，国家发布的《文化部、中国人民银行、财政部深入推进文化金融合作的意见》指出，要"加快推进文化企业直接融资。鼓励大中型文化企业采取短期融资券、中期票据、资产支持票据等债务融资工具优化融资结构。支持具备高成长性的中小文化企业通过发行集合债券、区域集优债券、行业集优债券、中小企业私募债等拓宽融资渠道。引导私募股权投资基金、创业投资基金等各类投资机构投资文化产业。支持文化企业通过资本市场上市融资、再融资和并购重组。加强对文化企业上市的辅导培育，探索建立文化企业上市资源储备库，研究分类指导不同类型文化企业与资本市场对接。鼓励文化企业并购重组，实现文化资本跨地区、跨行业、跨所有制整合。支持文化企业通过全国中小企业股份转让系统和区域性股权交易市场实现股权融资。"完整的资本市场包括主板市场、二板市场和场外交易市场。主板（A股）市场主要解决的是具有一定规模的有良好盈利记录的成熟企业投资问题的资本市场。主板上市采取的是指标制度，名额有限，文化单位一般情况下无法进入。二板市场（创业板市场）可以解决具有良好市场前景的处于发展中的文化单位融资问题。创业板市场的建立可为文化单位风险资本提供退出可能，可拓宽中小文化单位融资的渠道，提高中小文化单位的管

表 6.2　12 家文化单位上市经营业绩表①

项　目 单　位	总股本 （万股）	流通股 （万股）	每股收益 （%）	净资产收益 增长率（%）	主营收入 增长率（%）	净利润 增长率（%）
上海东方明珠	96324	21964.1	-0.15	-4.46		
中信国安信息产业	66000	24837.2	-0.1569	-3.71		
长丰通信	41387.7	12000	-0.025		-2.4116	
云南南天电子信息产业	14000	4000	-0.0292	-0.81	-123.6	-29.1855
长安信息产业	8733.34	3750	-0.15	-6.76	-8.356	-194.119
四川汇源通信	19344	6084	-0.071	-4.52		
北京歌华有线	35100	10400	-0.09	-1.6	-15.49	-7.6228
上海广电信息	81981.2	20380.5	-0.049	-1.9	-20.577	-18.9662
深圳赛迪传媒	31157.4	8675.59	-0.031	-2.29	-1.1013	-64.5261
陕西广电网络传媒	12241.7	5098.18	-0.082	-6.53		
湖南电广传媒	25840	11.800	-0.093	-1.31		
中视传媒	23673	7800	-0.032	-1.05	-44.644	

理水平等。文化单位要挤进深圳创业板市场，目前的困难主要集中在文化单位规模和近年的连续盈利水平大多达不到证券相关法律规定的上市要求。目前，深圳创业板的上市要求并不高。文化单位要想上市，不应期待国内资本市场进一步降低门槛，而应将重点放在改革产权、提高营利能力上。场外交易市场具有交易价格低、买卖费用小等优点，对文化单位吸引中小投资相当有利，但是现在的场外交易市场存在严重问题，隐含着较大的金融风险。国务院《关于推进文化创意和设计服务与相关产业融合发展的若干意见》（国发〔2014〕10号）指出，"支持符合条件的企业上市。"目前，资本市场已经介入文化产业领域，并取得了较好的效果。已经有不少文化产业公司在沪深股市上市（见表6.2）。但是到资本市场融资仍是中国文化产业发展的"短腿"。在加入WTO、国际文化传媒跨国公司大举进入国内文化产业领域的形势下，有关部门要将文化单位的上市融资列入工作规划，有计划、有步骤地安排一批市场化程度高、竞争优势强的国有和以国有资本为主体的混合经济的大型文化单位，通过股份制改造，在国内外资本市场发行股票、可转换债券或企业债券。同时，也要积极支持符合条件的各类中小型文化单位在创业板上市。

143

① 数据来源于《上海证券报》2013 年 4 月 26 日第 4 版。

参考文献

[1] 约瑟夫·奈.谁与争锋:变化中的美国力量本质[M].吴晓辉等,译.北京:东方出版社,2005:11~28.

[2] 张晓明.约瑟夫·奈的"软权力"思想分析[J].美国研究,2005(1):20~36.

[3] 苑捷.当代西方文化产业理论研究概述[J].马克思主义与现实,2004(1):36~40.

[4] 霍克海默,阿多诺.启蒙辩证法[M].洪佩郁等,译.重庆:重庆出版社,1990:12~19.

[5] 本雅明.机械复制时代的艺术[M].王才勇,译.北京:中国城市出版社,2002:103~105.

[6] 贾斯廷·奥康纳.欧洲的文化产业和文化政策[M].林拓等,译.北京:社会科学文献出版社,2006:27~29.

[7] 大卫·索斯比.经济与文化[M].张冬梅,译.北京:中国工业出版社,2005:19~20.

[8] John Fiske.Understanding popular culture[J].London and New York: Routledge,Culture Policy, 2007, 36(11):216~219.

[9] 布迪厄.文化资本理论[M].卢露,译.北京:中国文化出版社,1976:32~33.

[10] David Throsby . The production and consumption of the arts:a view of cultural economics[J].Journal of Economic Literature, Culture Policy,1994,38(10):245~249.

[11] 麦耶斯考夫.城市发展:文化产业因素[M].王中和,译.北京:中国文化出版社,2005:56~58.

[12] 查尔斯·兰蒂.文化功能[M].王静等,译.上海:上海译文出版社,2006:59~60.

[13] 理查德.E.凯夫斯.创意产业经济学:艺术的商业之道[M].曾华群,译.北京:新华出版社,2004:79~80.

[14] 约翰·霍金斯.创意经济:如何点石成金[M].洪庆福等,译.上海:上海三联书店,2006:78~79.

[15] Stuart Cunningham. Evolution and mutation in the creative industries idea[R].2005:24~27.

[16] Simon Roodhouse. Have the cultural industries a role to play in regional regeneration and a nation's wealth?[C].Proceedings AIMAC2001:6th International Conference on Arts and Cultural Management.Brisbane: Queensland University of Technology, 2001:56~57.

[17] F.佩鲁.新发展观[M].张宁等,译.北京:华夏出版社,1987:165~166.

[18] David Throsby.论文化资本[J].王志标,译.经济资料译丛,2006(3):39~40.

[19] Kretsehmer，Michacl. Inereasing returns and social contagionin cultural industries[J].British Journal of Management,Special Issue,1999:22~23.

[20] 斯图亚特·坎宁安.从文化产业到创意产业:理论、产业和政策的涵义[J].刘玲,译.世界文化产业发展前沿报告,2003:134~144.

[21] Baumol,Bowen.Economic circumstances of the performing artist[J].Journal of Cultural Economics, 1997,20(3):56~57.

[22] 派恩·吉尔摩.体验经济[M].夏业良,译.北京:机械工业出版社,2002:98~99.

[23] Bates Ryan. Connnunieation breakdown:the reeording industy pursuit of the individual musie user,a comparison of U.S. copyright protections for internet music file sharing[J]. Northwestern Journal of International Law,2004,25(1):229~257.

[24] Dimmick John W.Media competition and coexistence: the theory of the niche (Communication Series) [J].Lawrence Erlbaum Associates,2003:45~46.

[25] Shaver.Books and digital technology:a new industry model[J].Journal of Media Economics,2003,16(2):71~86.

[26] Me Cabe.Joumal pricing and mergers:a portfolio approach[J].American Economic Revicw,2002,92:259~269.

[27] Hirsch. Processing fads and fashions: an organizational set analysis of cultural industry systems[J]. American Journal of Sociology, 77(4): 639~659.

[28] Peterson.Berger cycles in symbol production: the case of popular. music[J]. American Sociological Review,1975(40):158~173.

[29] Carrofl. The resource-based view of the firm in two environments[J]. The Academy of

Management Journal,1996,39(3):519～543.

[30] 陈忱.中外文化产业比较研究[J].中国经贸导刊,2004(12):27～30.

[31] 陈立旭.从传统"文化事业"到"公共文化服务体系":浙江重构公共文化发展模式的过程[J].中共宁波市委党校学报,2008(6):13～24.

[32] 万里.关于"文化产业"定义的一些思考[J].湖南第一师范学报,2001(1):22～26.

[33] 冯子标.文化产品、文化产业与经济发展的关系[J].山西师大学报,2008(2):19～24.

[34] 李春英.外资准入对广播电视产业的影响[J].当代电视,2006(1):70～71.

[35] 章建刚.文化产业发展背景下的艺术原创[J].美术观察,2004(4):51～53.

[36] 张晓明.未来五年中国文化产业走势[J].青年记者,2006(5):34～36.

[37] 焦斌龙.新型工业化道路中的文化产业[J].晋阳学刊,2007(4):16～20.

[38] 谢名家.论文化产业的发展与中国社会现代化的关系[J].现代哲学,1996(4):33～35.

[39] 卢渝.经济欠发达地区发展文化产业的思路及对策[N].光明日报,2004-5-18(4).

[40] 孟晓驷.文化产业发展的机理[N].光明日报,2004-7-15(4).

[41] 柯克.文化产业论[M].广州:广东经济出版社,2001:70.

[42] 乐后圣.21世纪黄金产业:文化产业经济浪潮[M].北京:中国社会出版社,2000:66.

[43] 喻国明.关于传媒影响力的诠释[M].上海:上海人民出版社,2003:212～222.

[44] 孙安民.文化产业理论与实践[M].北京:北京出版社,2005:28～32.

[45] 尹鸿.全球化背景下中国传媒核心竞争力初探[M].上海:上海人民出版社,2003:189～200.

[46] 胡惠林、李康化.文化经济学[M].上海:上海文艺出版社,2003:4.

[47] 祁述裕.中国文化产业国际竞争力报告[M].北京:社会科学文献出版社,2004:14～48.

[48] 李怀亮.当代国际文化贸易与文化竞争[M].广州:广东人民出版社,2005:304～325.

[49] 林拓.世界文化产业与城市竞争力[J].马克思主义与现实,2004(2):79～80.

[50] 居朝晖.浙江文化产业发展战略研究[M].上海:上海人民出版社,2003:307～318.

[51] 潘嘉玮.加入世界贸易组织后中国文化产业政策与立法研究[M].北京:北京人民出版社,2006:248～277.

[52] 荣跃明.上海创意产业发展的现状和前景[J].毛泽东邓小平理论研究,2005(1):70～77.

[53] 王永庆.发展文化产业:提升深圳城市竞争力的战略和策略[J].开放导报,2004(4):70～73.

[54] 佟贺丰.英国文化创意产业发展概况及其启示[J].科技与管理,2005(1):30～32.

[55] 魏鹏举.概念鼓噪与落地畸变:中国文化创意产业的发展状况分析[M].北京:北京人民出版社,2005:79～90.

[56] 王缉慈.关于创意产业集群在大城市中发展的问题[J].江苏社会科学,2005(7):67～69.

[57] 厉无畏.创意产业导论[M].上海:学林出版社,2006:76～79.

[58] 刘丽,张焕波.北京文化创意产业集群发展问题研究[J].中国农业大学学报:社会科学版,2006(3):97～98.

[59] 邓达.创意产业的核心价值与知识产权[J].管理世界,2006(8):146～147.

[60] 张京成,刘光宇.创意产业的特点及两种存在方式[J].北京社会科学,2007(4):3～8.

[61] Nadiri. Innovationsnad teehnologieal spillovers[R].WorkingPaPerNO.4423. Cambridge, MA:National Bureuaof Eeonomie Researeh,1993:183～249.

[62] 世界银行.世界文化产业发展大势思考[R].世界银行产业发展报告,1999:99～100.

[63] 卡西·布里克伍德.文化产业投资与文化产业发展[M].邱慧,译.上海:上海译文出版社,2000:193～194.

[64] Choi YoungHo.韩国文化产业走势[M].吴正,译.上海:上海译文出版社,2001:89～90.

[65] 意大利佛罗伦萨市文化发展委员会.佛罗伦萨文化实务[M].曹家和,译北京:中国经济出版社,2001:9.

[66] 芮佳莉娜·罗马.以盎格鲁——萨克逊方式解读文化产业[M].林拓等,译北京:社会科学文献出版社,2001:189.

[67] Jasons Sun.文化产业竞争力[M].李永图,译.广州:广东人民出版社,2002:47.

[68] 花建.中国文化产业投资战略的思考[J].学术季刊,2002(2):29～30.

[69] 田永春.韩国政府发展文化产业的战略和措施[J].文化研究参考,2003(8):47～51.

[70] 谢耘耕.文化产业投资机制改革两个突破[J].新闻界,2004(2):54～56.

[71] 彭礼堂,周亮.试论文化产业投资不足问题之克服[J].广东财经职业学院学报,2004(6):56～59.

[72] 李裙.文化产业投资案例剖析[M].上海:复旦大学出版社,2006:89～90.

[73] 雷光华.关于提升中国文化产业国际竞争力的思考[J].湖南社会科学,2004(2):79.

[74] 王利明.非公有资本进入文化产业的投资机遇[J].传媒,2005(9):63～67.

[75] 周笑.上海文化产业风险投资模式研究[J].现代视听,2006(1):17～19.

[76] 周正兵,郑艳.中国文化产业风险投资研究[J].中国创业投资与高科技,2006 (2):47～49.

[77] 吴志华.巴西文化产业政策初析[J].拉丁美洲研究,2007(4):7～72.

[78] 宋建龙.文化产业投资的特点与形式浅述[J].河北企业,2008(2):61～62.

[79] 邹升平.国外文化产业发展经验对中国的启示[J].经济研究导刊,2008(4):37～39.

[80] 罗靓.发展文化产业与金融支持[J].农村金融研究,2008(5):27～29.

[81] 马衍伟.税收政策促进文化产业发展的国际比较[J].涉外税务,2008(9):57～59.

[82] 杜广中.文化产业的投融资体制研究[J].东南传媒,2008(9):38～40.

[83] 张庆盈.关于中国文化产业立法建设的几点思考[J].社会科学辑刊,2008(5):46～49.

[84] 李宏源.非公有资本投资文化产业的主要障碍分析[J].经济前沿,2008(11):29～32.

[85] 纪建悦等.中国文化产业融资机制问题的探讨[J].金融理论与教学,2006(4):61～68.

[86] 本雅明.机械复制时代的艺术作品[M].付一春,译.北京:中央文献出版社,1987:43～45.

[87] 大卫·索斯比.艺术产业化的历程反思与理论诠释[M].张冬梅,译.北京:中国社会科学出版社, 2008:96～99.

[88] 贾斯廷·奥康纳.文化与人性[M].张怀旧,译.北京:中央文献出版社,1986:74～79.

[89] 安迪·C·普拉特.肖申克的救赎[M].沈桂龙,译.上海:上海社会科学院出版社,1998:97～99.

[90] 约翰·奈斯比特.亚洲大趋势[M].冯久玲,译.广州:广东经济出版社,1997:53～55.

[91] 厉无畏,王如忠.文化产业:城市发展新引擎[M].上海:上海社会科学院出版社,2005:90～93.

[92] 亚当·斯密.国富论[M].陈建平,译.北京:中国商业出版社,2009:51～53.

[93] 新帕尔格雷夫经济学大辞典编委会.新帕尔格雷夫经济学大辞典[M].北京:经济科学出版社,1996:89～90.

[94] 法博齐.债券市场分析与战略[M].郭世贤等,译.北京:中国金融出版社,1992:93～95.

[95] 拉古拉迈·拉詹等.从资本家手中拯救资本主义[M].余江,译.北京:中信出版社,2004:
    87～90.

[96] 陈有安,王学军,尉维斌,肖焕雄.项目投资与风险管理[M].北京:中国计划出版社,2000:
    109～110.

[97] 陈毅恒.风险管理精义[M].北京:中国统计出版社,2006:181～182.

[98] 孔淑红.风险投资与投资[M].北京:对外经济贸易大学出版社,2002:28～30.

[99] 约瑟夫·派恩,詹姆斯·吉尔.体验经济[M].夏业良等,译.北京:机械工业出版社,2008:65～
    69.

[100] 郭洁敏.日本促进 IT 新技术与文化产业融合[J].文化研究参考,2002(2):45～48.

[101] 高宗仁.文化资本与文化投融资体系[J].前进,2003(7):36～39.

[102] 安提·卡斯维.传媒和文化产业[M].查立友,译.北京:社会科学文献出版社,2003:37～38.

[103] 约翰·汤姆林森.全球化与文化[M].郭英剑,译.南京:南京大学出版社,2002:91～92.

[104] 陈立旭,连晓鸣,姚休.解读文化和文化产业[M].杭州:浙江人民出版社,2003:89～90.

[105] 李宗植,段进东,吕立志.再造区域经济增长极[M].南京:江苏人民出版社,2004:17～18.

[106] 徐浩然,雷琛烨.文化产业管理[M].北京:社会科学文献出版社,2006:76～77.

[107] 王红亮,李国平.从创意到商品:运作流程与创意产业成长[J].中国工业经济,2007(8) :
    27～32.

[108] 胡晓鹏.基于资本属性的文化创意产业研究[J].中国工业经济,2006 (12) :43～46.

[109] 顾为东.中国私营经济发展战略与对策[M].北京:中国财政经济出版社,2003:67～68.

[110] 弗朗索瓦·密特朗.在欧洲大学生研讨会开幕式上的演说[M].刘厚德,译.北京:中国书籍
    出版社,1998:124～125.

[111] 刘小敏,李振连.WTO 与中国文化[M].广州:广东经济出版社,2000:153～154.

[112] 黄明哲,方良平.中国民间投资存在的问题及对策思考[J].江西财经,2002(12) :21～24.

[113] 李海舰,聂辉华.论企业与市场的相互融合[J].中国工业经济,2004(8) :38～40.

[114] 顾朝林,孙军.中国沿江开发研究[J].城市评论,2003(5) :39～41.

[115] 张昌尔.探索中国特色文化产业发展之路[J].新华文摘,2004(7) :57～59.

[116] 姜树梅.风险投资运作[M].大连:东北财经大学出版社,2001:74～78.

149

[117] 赵丽芳,柴葆青.韩国文化产业爆炸式增长背后的产业振兴政策[J].新闻界,2006(3):37~40.

[118] 摩根斯坦利.全球投资报告[M].火华强,译.北京:中国财政经济出版社,1998:26~30.

[119] 张伟,周鲁柱.中国文化产业投资存在的问题及基本对策[J].现代传媒,2006(4):23~25.

[120] 易剑东,黄亚玲.中国文化产业昂首迈进21世纪[M].北京:社会科学文献出版社,2003:94~95.

[121] 沈望舒.关于中国文化产业现状的思考与建议[J].北京社会科学,1998(2):41~43.

[122] 徐洪才.中国资本市场研究:对一个现实金融问题的理论思考[M].北京:经济管理出版社,2005:97~99.

[123] 蔡薇,乌兰察夫.公共政策支持与深圳文化产业发展[J].特区经济,2004(6):11~14.

[124] 李希光,周庆安.软实力与全球传播[M].北京:清华大学出版社,2005:17~19.

[125] 刘玉珠,金一伟.WTO与中国文化产业[M].北京:文化艺术出版社,2001:45~47.

[126] 胡惠林,施惟达,田立立.文化产业概论[M].昆明:云南大学出版社,2005:42~43.

[127] 王国刚.资本账户开放与中国金融改革[M].北京:社会科学文献出版社,2003:81~82.

[128] 王洪波,宋国良.风险预警机制:在躁动和阵痛下风险创业投资机构必备的生存工具[M].北京:经济管理出版社,2002:71~73.

[129] Prahalad.Gary Hamel:the core competence of the corporation[J]. Harvard Business Review,1990,21(5):11~21.

[130] 端木义方.美国传媒文化[M].北京:北京大学出版社,2001:56~58.

[131] 汗保健,肖瑞林.金融资本与文化产业[M].广州:广东经济出版社,2004:73~74.

[132] 陈尔瑞,杜沔.风险投资概论[M].北京:中国财政经济出版社,2001:34~36.

[133] 王国刚.公司债券市场之我见[J].资本市场,2002(3):56~60.

[134] 宋承先.现代西方经济学[M].上海:复旦大学出版社,2001:89~91.

[135] 吴敬琏等.论竞争性市场体制[M].广州:广东经济出版社,1991:17~19.

[136] 丹增.当前大力发展文化产业的理论思考[J].云南社会科学,2004(6):16~19.

[137] 石广义,夏自谦,毛志毅.投资项目管理[M].北京:中国商业出版社,1995:52~54.

[138] 邱菀华,邓达,刘晓峰.现代文化产业项目管理:如何成功运作大型活动[M].北京:机械工

业出版社,2004:123～125.

[139] Golany.An application procedure for DEA[J].Omega Int J of Mgmit, 1989, 17(3) :237～259.

[140] 张伟,鲍芳,金玉国.新型工业化、文化创意产业发展与外商投资推进探讨[J].现代经济探讨,2007(2) :197～225.

[141] 彭礼堂,周亮.试论文化产业投资不足问题之克服[J].广东财经职业学院学报,2004(7) :45～48.

[142] 陈法林.深化文化体制改革,打造文化产业强省[J].群众,2009(3):12～14.

跋

　　敲定尾字，面屏沉思，沮艰依然！我竭体能、穷心智，只达此境，真乃书山峰高，层层梯上，愈上行，愈觉步履艰沉！

　　南航四年，求学乐土，清朴校园、洞邃史韵、问天豪情，愈深进，愈觉理性灵光之温暖；心灵净土，师友小聚、互致关切、坐而论道，愈深处，愈觉人性德爱之可嘉。去矣，繁杂案牍、浮躁俗丛、冷漠世情、卑陋人性！

　　清华两载，学分达标，均似囫囵吞枣，无一精谙；短文刊发，均似硬挤之作，无一得意；长文杀青，恰似"粗毛坯"一具，再研十载，难达众口交誉！直面此文，自知虽适文化产业投资之需，填此空白，而终有几分学术、应用价值？翘首趾足，望君公论？！

　　于斯，忽念二〇〇七年八月十九日，我於父六十华诞盛宴所语，"感恩自然，丹枫雨露，夏去秋来，岁岁增荣！感恩祖先，薪火相传，一年一庆，十年隆典！感恩生命，反哺父母，积之大德，行之大善！感恩亲朋，鼎力相助，事业兴盛，步步登高！感恩生活，感受冷暖，感觉亲情，感悟人生！一人、一家、一族、一国，只有立心中正，孜孜以求，方能成恢宏之大业，留百世之清名！"

　　感恩益友梁勇！言传身教，为人为事，立心中正，勤勉以求！感恩良师李希光、周德群、顾理平、张志强等！大行德广，邃博学养，如沐春风，滋吾三生！又谢金兼斌教授！招入山门，严之有加，庭筑独导，收益匪浅！齐谢崔保国、陈昌凤和周庆安等诸师！真挚相助！诚谢同窗同门杨绍功等诸生！情真意切，勉学齐进，日后何不时常"相逢意气为君饮，系马高楼垂柳边"？！人生何求，益友良师，菊淡月朗！特谢夫人、爱女及父母！

　　拔剑指天乃吾好，默默鏖战方功成！谨文，作别离清华大学之记！

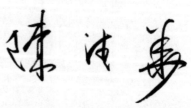

壬辰年春节正月初六夜于紫金山南麓沙腋斋

学术专著、论文、科研、奖励和演讲

一、个人专著

2004年7月，南京出版社出版个人专著《社会主义文化产业论》

二、发表的部分论文

1. 论创意型企业价值评估：基于模块化视角

陈清华、李向民，CSSCI 来源期刊、全国中文核心期刊《江海学刊》2008 年第 2 期

2. 关于海外受众接受心理的外宣策略

陈清华，CSSCI 来源期刊、全国中文核心期刊《江苏社会科学》2010 年第 4 期

3. 供应链视角下我国企业社会责任推进策略研究

王桂花、陈清华，CSSCI 来源期刊、全国中文核心期刊《江苏社会科学》2014 年第 5 期

4. 危机传播管理中的新闻发布研究

魏超、陈清华，CSSCI 来源期刊、全国中文核心期刊《江苏社会科学》2011 年第 4 期

5. 人力资本专用性与创意型企业治理

陈清华、李向民，CSSCI 来源期刊、全国中文核心期刊《江苏社会科学》2008 年第 1 期、《中国传媒产业研究》2008 年第 1 期

6. 基于可持续发展的供应链流通渠道优化研究

陈清华，CSSCI 来源期刊、全国中文核心期刊《社会科学辑刊》2013 年第 6 期

7. 文化创意产业知识溢出效应研究

陈清华，CSSCI 来源期刊、全国中文核心期刊《南京社会科学》2010 年第 5 期

8. 供应链纵向控制结构与合作创新协调研究

陈清华、李卫红，CSSCI 来源期刊、全国中文核心期刊《现代经济探讨》2012 年第 12 期

9. 创意产业投融资机制的演进：基于模块化与价值网络视角

陈清华，CSSCI 来源期刊、全国中文核心期刊《现代经济探讨》2008 年第 9 期

10. 社会资本能影响上市公司财务治理效率吗？
    ——基于核心利益相关者的实证研究

周晓珺、陈清华，CSSCI 来源期刊、全国中文核心期刊《审计与经济研究》2014 年第 3 期

11. 人力资本专用性与创意型企业融资行为研究

陈清华、李向民 CSSCI 来源期刊、全国中文核心期刊《审计与经济研究》2008 年第 1 期

12. 创新产业投资机制 提升西藏传媒软实力

陈清华，CSSCI 来源期刊、全国中文核心期刊《西藏研究》2010 年第 2 期、《西藏文化产业与媒体发展论坛暨西藏商报创刊 10 周年学术研讨会会刊》2010 年 1 月

13. 上市公司利益相关者对财务治理效率作用机理研究
    ——基于企业"成长场"理论

周晓珺、陈清华，CSSCI 来源期刊、全国中文核心期刊《世界经济与政治论坛》2013 年第 6 期

14. "文化苏军"建设机制创新研究

钱亮星、陈清华，CSSCI 来源期刊、全国中文核心期刊《艺术百家》2014 年第 1 期

15. 从《小山回家》到《海上传奇》
    ——贾樟柯"类型"电影解读

赵颖、陈清华，CSSCI 来源期刊、全国中文核心期刊《学海》2012 年第 3 期

16. 江苏文化软实力提升路径研究

陈清华，CSSCI 来源期刊、全国中文核心期刊《学海》2011 年第 6 期

17. 加强文化与科技融合 抢占文化发展制高点

陈清华、张吉林，全国中文核心期刊《群众》2013 年第 1 期

18. 江苏文化人才队伍建设现状、问题及对策

陈清华，全国中文核心期刊《群众》2012 年第 4 期

19. 江苏文化人才队伍建设现状、问题及对策

陈清华、王亦晨，全国中文核心期刊《群众》2011 年第 10 期

20. 我国文化产业投融资体制转变路径刍议

陈清华，全国中文核心期刊《群众》2008 年第 4 期

21. 实现文化体制改革新突破

以省委宣传部新闻文化改革与发展办公室名义，全国中文核心期刊《群众》2005 年第 4 期

22. 做强文化产业的思考

陈清华，全国中文核心期刊《群众》2003 年第 9 期

23. 江苏文化与科技融合模式研究

陈清华，中文核心期刊《唯实》2013 年第 3 期

24. 江苏文化人才队伍建设对策研究

齐丹丹、陈清华，中文核心期刊《江苏农村经济》2011 年第 10 期

25. 发挥政府作用　拓宽文化产业投资渠道

陈清华，中文核心期刊《江苏农村经济》2007 年第 11 期

26. 中国数字家庭实践与创新路径探析

陈清华，《传媒观察》2010 年第 5 期

27. 中国亟待搭建对外传播的"立校桥"

陈清华、黄卫星，《传媒观察》2011 年第 7 期

28. 创新产业投资机制　提升传媒软实力

陈清华，《江苏对外经贸论坛》2010 年第 4 期

29. 试论爱国主义在大学生成才中的作用

陈清华，《广西高教研究》1996 年第 1 期、《中国管理科学文萃》（当代世界出版社）1997 年 1 月第 1 版

30. 市场经济条件下做好高校组织工作的探索

陈清华，《建材高教理论与实践》1996 年第 2 期

31. 在坚持先进文化中繁荣和发展社会主义文艺

陈清华，《盐城师范学院学报》2003 年第 2 期

32. 努力找准高校思想政治工作的新载体

陈清华，《盐城师专学报》1995 年专辑

33. 三十年代中国农民的一面镜子
　　　　——浅析《春蚕》中老通宝的性格特征及成因

以陈进名义，《盐城职大电大学刊》1993 年第 4 期

34. 产业化过程中需要注意的问题

陈清华，《农业科研经济管理》1998 年第 3 期

35. "死结"是这样解开的
——盐城市纺工局驻印染厂再就业工作站的故事

戴德厚、陈清华，《党的生活》2000 年第 2 期

36. 富"脑袋"与富"口袋"

陈清华，《北京成人教育》2000 年第 9 期

37. 农民培训应突出三个重点

陈清华，《北京成人教育》1999 年第 10 期

38. 盐城市积极探索新形势下农民教育的新途径

陈清华，《思想工作论坛》1999 年第 1 期

39. 算奖不估奖　考核科学化

陈中才、陈清华，《江苏宣传》2000 年第 24 期、《黄海学坛》2000 年第 3 期、《盐城宣传》2000 年第 3 期

40. 当前农村宣传思想工作面临的新问题及对策

陈清华，《江苏宣传》2000 年第 6 期、《总结新经验　推进新开拓》1999 年 6 月

41. 服务最直接　农民得实惠
——盐城市扎实开展"六下乡"活动

戴德厚、陈清华，《江苏宣传》1999 年第 6 期

42. 适应改革发展稳定新形势　开拓基层宣传思想工作新局面

以中共盐城市委宣传部名义，《江苏宣传》1998 年第 16 期

43. 在涡漩中

陈清华，《芳土花雨》（江苏文艺出版社 1996 年 5 月出版）

44. 知识的"价值"

陈清华，《芳土花雨》（江苏文艺出版社 1996 年 5 月出版）

45. 展示老区人民的精神风貌
——五十年精神文明建设成就

以于利中名义，《盐城五十年》1999 年 9 月出版

46. 北京市会馆文化遗产保护与利用

陈清华、毕曚予、牟世晶、官谌，《北京文化发展报告》2012 年 4 月出版

47. 创新产业投资机制　提升文化软实力

陈清华，入选清华大学国际传播研究中心和美国哈佛大学新闻政治与公共政策中心联合举

办的"软实力与政府传播国际研讨会"并收入《软实力与政府传播国际研讨会论文集》2009年9月8日第545-549页

48. 我们需要更多的"中国创造"

陈清华，《光明日报》2008年1月7日中国新闻奖名专栏"光明论坛"第4版

49. 创建卫生城市"五忌"

陈清华，《工人日报》1998年8月27日"读者周刊"第5版

50. 寓言二则

以陈进名义，《中国建材报》1994年2月4日第3版、《盐阜大众报》1994年1月5日第5版

51. 创新产业投资机制　提升江苏传媒软实力

陈清华，《新华日报》2010年9月14日"思想"B7版

52. 强化主力军地位　加快宣传思想文化人才队伍建设

陈清华，《新华日报》2011年5月24日"思想"B7版

53. 向迷信高举科学之剑

陈清华，《江苏科技报》1998年10月11日第1版

54. 书摊上少见科技书

以陈进名义，《科技信息快报》1995年1月20日第8版、《辽宁科技报》1995年6月8日第4版

55. 盐城工学院在响水县黄圩乡进行科普知识咨询场景

陈清华，《盐阜大众报》1996年10月17日第2版

56. 我院在黄圩乡开展科普宣传

陈清华，《盐城工专报》1996年9月25日第2、4版

57. 我院向河东小学捐赠学桌

以陈进名义，《盐城工专报》1996年9月25日第2、4版中缝

58. 盐城市以江总书记视察为动力，重点抓好六项创建工作

陈中才、陈清华，《江苏精神文明建设情况简报》2000年第8期

59. 江苏文化与科技融合的模式选择及对策建议

陈清华，《决策咨询专报》2012年12月20日

60. 盐城市实施跨世纪农民教育工程，推进农业产业化发展

陈清华，中共中央宣传部《宣传工作》第50期

157

三、科研项目

1. 独立承担课题《基于投资创新的文化产业动力机制研究》

2013 年度国家博士后科学基金第 6 批特别资助项目【编号：2013T60525】；

2. 独立承担课题《文化创新与城市经济可持续发展研究　——基于"长三角"地区实证检验》

2012 年度第 52 批国家博士后科学基金面上二等资助金【编号：2012M521032】；

3. 独立承担课题《文化产业投资创新研究》

2011 年度第 49 批国家博士后科学基金面上二等资助金【编号：998】；

4. 独立承担课题《文化产业投资机制创新研究　——以江苏经验为例》

2012 年度江苏省博士后科研资助【编号：1201026C】；

5. 独立承担课题《文化产业投资创新研究》

2011 年度第四期江苏省"333 工程"科研项目资助【编号：BRA2011107】；

6. 独立承担课题《基于投资创新的江苏文化产业动力机制研究》

2013 年度江苏省社会科学基金【编号：13YSD034】；

7. 独立承担课题《基于投资创新的江苏文化产业动力机制研究》

2013 年度江苏省社会研究（文化精品）课题【编号：13SWC－031】；

8. 独立承担课题《基于投资创新的文化产业动力机制研究》

2013 年度江苏省文化科研课题【编号：13YB01】；

9. 独立承担课题《江苏文化产业投资机制创新研究》

2009 年度江苏省文化科研项目立项课题【编号：09ZD01】；

10. 独立执笔课题《江苏文化产业人才队伍建设机制创新研究》

2010 年度江苏省人才优先发展立项课题【编号：BRB2010006】；

11. 参加课题《我国文化软实力发展战略研究》

2007 年度国家社会科学基金重点项目课题【编号：07AXW002】；

12. 参加课题《构建梯次分明规模宏大的"文化苏军"》

2013 年度中共江苏省委宣传部立项课题；

13. 参加课题《江苏文化"走出去"的调查与思考》

2013 年度中共江苏省委宣传部立项课题；

14. 参加课题《加强江苏文化人才队伍建设研究》

2011 年度江苏省文化建设工程立项课题【编号：11ZHW003】；

　　15. 参加课题《2006：江苏文化蓝皮书　——区域文化建设发展报告》中共江苏省委宣传部和江苏省社会科学院立项课题；

　　16. 参加课题《2005：江苏文化蓝皮书　——文化大省建设发展报告》中共江苏省委宣传部和江苏省社会科学院立项课题；

　　17. 参加课题《2003-2004：江苏文化蓝皮书　——文化产业发展报告》中共江苏省委宣传部和江苏省社会科学院立项课题；

　　18. 参加课题《2011 江苏文化及相关产业统计概览》中共江苏省委宣传部和江苏省统计局立项课题；

　　19. 参加课题《2010 江苏文化及相关产业统计概览》中共江苏省委宣传部和江苏省统计局立项课题；

　　20. 参加课题《2007 江苏文化及相关产业统计概览》中共江苏省委宣传部和江苏省统计局立项课题；

　　21. 参加课题《2006 江苏文化及相关产业统计概览》中共江苏省委宣传部和江苏省统计局立项课题；

　　22. 参加课题《2004～2005 江苏文化及相关产业统计概览》中共江苏省委宣传部和江苏省统计局立项课题；

　　23. 参加课题《朱相桂与森达之路》中共江苏省委宣传部立项课题；

　　24. 参加课题《江苏省摄影文化产业现状及发展趋势研究》2007 年度江苏省文化科研项目立项课题【编号：07YB15】；

　　25. 参加课题《"崇安模式"研究》无锡市崇安区经信局立项课题。

四、学术奖励

　　1. 2007 年 12 月，论文《发挥政府作用　拓宽文化产业投资渠道》曾荣获"中国科学发展与人文社会科学优秀创新成果"一等奖；

　　2. 论文《江苏文化与科技融合的模式选择及对策建议》曾荣获 2012 年度"江苏省社科应用研究精品工程"优秀成果二等奖；

　　3. 论文《加强江苏文化人才队伍建设研究》曾荣获 2010 年度"江苏省人才优先发展

课题"二等奖；

4. 论文《江苏文化产业投资机制创新研究》曾荣获 2009 年度"江苏省文化科研项目立项课题"良好奖；

5. 论文《江苏省摄影文化产业现状及发展趋势研究》曾荣获 2007 年度"江苏省文化科研项目立项课题"良好奖；

6. 论文《提振谱写中国梦江苏篇章的精气神》曾荣获"2012 年度部机关青年干部培训班命题作文"优秀奖等。

五、学术演讲

1. 2013 年 10 月 5 日 14：00，在苏州市昆山市做了《文化产业融合》演讲；

2. 2013 年 7 月 13 日 14：30，在南京审计学院做了《互联网舆情及其应对》演讲；

3. 2013 年 4 月 10 日 16：00，在南京师范大学计算机科学与技术学院做了《科技：文化发展的新引擎》演讲；

4. 2012 年 9 月 18 日 10：00，在南京大学信息管理学院做了《江苏如何发展文化产业》演讲；

5. 2012 年 6 月 29 日 9：00，在安徽省审计系统做了《领导干部如何应对媒体》演讲；

6. 2012 年 6 月 25 日 9：00，在无锡审计系统做了《如何提升文化产业发展引擎功率》演讲；

7. 2012 年 3 月 22 日 15：10，在中共江苏省委宣传部做了《创新投资机制　大力实施文化建设工程》演讲；

8. 2011 年 9 月 22 日 14：00，在南京大学信息管理系做了《大力发展文化产业　提升江苏文化软实力》演讲；

9. 2010 年 12 月 6 日 11：40，在中共江苏省委宣传部做了《创新投资机制　提升传媒实力》演讲；

10. 2010 年 11 月 26 日 15：00，在山西省山阴县做了《解读十七届五中全会精神　促进文化大发展大繁荣》演讲；

11. 2010 年 1 月 11 日 16：00，在南京树人国际学校做了《快乐数字生活》演讲；

12. 2009 年 12 月 22 日 10：50，在西藏迎宾馆参加"西藏文化产业与媒体发展论坛暨西藏商报创刊 10 周年学术研讨会"时做了《创新机制　促进发展》演讲；

13. 2009 年 11 月 24 日 9：00，在南京大学信息管理系做了《创新投资机制　提升传媒软实力》演讲；

14. 2009 年 9 月 12 日 11：10，在参加"2008 中国传媒产业论坛暨中国传媒大学南广学院校庆 5 周年"时做了《创新产业投资机制　提升传媒软实力》演讲；

15. 2009 年 9 月 9 日 15：30，在清华大学新闻与传播学院参加"第四届中国——澳大利亚博士研究生论坛"时做了《创新投资机制　提升传媒软实力》演讲；

16. 2009 年 8 月 9 日 14：15，在中国人民大学贤进楼参加"2009 中国体育文化与经济发展国际论坛"时做了《创新产业投资机制　提升体育软实力》演讲；

17. 2008 年 10 月 14 日 14：00，在中国传媒大学南广学院做了《文化体制改革与传媒大学在校生努力方向之选择》演讲；

18. 2008 年 10 月 13 日 8：00，在南京大学逸夫馆做了《文化体制改革与大学在校生努力方向之选择》演讲；

19. 2008年5月16日14：00，在中国传媒大学南广学院做了《文化体制改革和文化产业发展的认识和思考》演讲。

非公有资本投资文化产业指导目录①

行　业	类别	固定资产投资项目管理	特别行业管理			备注
			内　容	管理机关	政策法律依据	
一、新闻服务						
新闻业						
二、出版发行和版权服务						
图书出版	禁止					
报纸出版	禁止					
期刊出版	禁止					
书、报、刊印刷	允许	核准	审批出版物印刷企业设立	省级新闻出版部门	国务院令第 315 号	
包装、装潢及其它印刷※	鼓励	核准	审批包装、装潢、印刷品及其它印刷品印刷企业设立	省级新闻出版部门	国务院令第 315 号	
图书批发	鼓励	核准	审批图书批发单位设立	省级新闻出版部门、国家新闻出版广播电影电视总局	国务院令第 343 号	
图书零售	鼓励	核准	审批图书零售单位设立	县级以上新闻出版部门	国务院令第 343 号	
报刊批发	鼓励	核准	审批报刊批发单位设立	省级新闻出版部门、国家新闻出版广播电影电视总局	国务院令第 343 号	
报刊零售	鼓励	核准	审批报刊零售单位设立	县级以上新闻出版部门	国务院令第 343 号	
音像制品出版	限制	核准	审批音像出版单位设立	国家新闻出版广播电影电视总局	国务院令第 341、343 号	

①类别包括鼓励、允许、限制和禁止等；固定资产投资项目管理包括核准、备案；特别行业管理中，内容包括核准或备案内容；管理机关包括行业管理的管理部门；政策法律依据包括"类别"或"固定资产投资项目管理"依据；备注包括其它需要特别指出的内容；该目录仅指内资，不指任何外资和港、澳、台资。

（续表）

行　　业	类别	固定资产投资项目管理	特别行业管理			备注
			内　容	管理机关	政策法律依据	
音像制作	限制	核准	审批音像制品制作单位设立	省级新闻出版部门	国务院令第 341、343 号	
记录媒介复制※	鼓励	核准	审批音像制品、电子出版物复制单位设立	国家新闻出版广播电影电视总局	国务院令第 341、343 号	
音像制品批发	允许	审批	音像制品批发	省级文化部门	国务院第 341 号令	
电子出版物批发	鼓励	核准	审批电子出版物批发单位设立	省级新闻出版部门	国务院令第 343 号	
音像制品零售	允许	审批	音像制品零售	县级文化部门	国务院第 341 号令	
电子出版物零售	鼓励	核准	审批电子出版物零售单位设立	县级以上新闻出版部门	国务院令第 343 号	
知识产权服务	鼓励允许	核准备案				
其中：版权代理服务、版权鉴定服务、版权咨询服务、著作权使用报酬收转服务、版权贸易服务、其它版权服务、海外作品登记代理服务、涉外音像合同认证代理服务等	鼓励允许	核准备案	图书版权贸易合同、涉外计算机软件以及电子音像版权合同、作品登记、计算机软件著作权登记（代办）	省级新闻出版部门	《中华人民共和国著作权法》	
		核准备案			国发 [1994]78 号、国发[1996]28 号	
	鼓励允许	核准备案			国发 [1995]75 号、国发[1995]1 号	
三、广播电视电影服务						
设立广播电台	禁止			国家新闻出版广播电影电视总局	《广播电视管理条例》、《广播电台电视台审批管理办法》	

（续表）

行　业	类别	固定资产投资项目管理	特别行业管理			备注
			内　容	管理机关	政策法律依据	
广播节目制作	鼓励	核准	经批准,可以从事专题、专栏、综艺、广播剧、动画片等广播电视节目制作,不得制作新闻和新闻类专题、专栏节目、新闻类访谈节目及理论、文献电视专题片等	省级广播电视部门或国家新闻出版广播电影电视总局	《广播电视节目制作经营管理规定》（广电总局令第34号）	
设立电视台	禁止			国家新闻出版广播电影电视总局	《广播电视管理条例》、《广播电台电视台审批管理方法》	
电视节目制作	鼓励	核准	经批准,可以从事专题、专栏、综艺、广播剧、动画片等广播电视节目制作,不得制作新闻和新闻类专题专栏节目、新闻类访谈节目及理论、文献电视专题片	省级广播电视部门或国家新闻出版广播电影电视总局	《广播电视节目制作经营管理规定》（广电总局令第34号）	
有线广播电视传输服务	限制	核准	在国有广播影视单位控股51%的前提下,非公有资本可以投资参股县级以下(不含县级)新建的有线电视分配网,参与有线电视接收端数字化改造		《广播电视节目传送业务管理规定》、《广播电视无线传输覆盖网管理办法》、《关于非公有资本进入文化产业的若干决定》（国发[2005]10号	
无线广播电视传播服务	禁止					
卫星传输服务	禁止					
其中：卫星电视传输服务	禁止					

（续表）

行　　业	类别	固定资产投资项目管理	特别行业管理			备注
			内　容	管理机关	政策法律依据	
卫星电视接收服务	禁止					
电影制作	鼓励	核准	按规定取得《摄制电影许可证》	省级广播电视部门	《电影企业经营资格准入暂行规定》（广电总局、商务部令第43号）	
其中：电影制片厂服务						
电影发行						
其中：电影院线发行	鼓励	核准	成立电影院线	国家和省级文化主管部门	国务院第342号令、《电影管理条例》	
其它电影发行	鼓励	核准	成立发行单位	国家和省级文化主管部门	国务院第342号令、《电影管理条例》	
电影放映	鼓励	核准	电影院建设、改造	各级文化主管部门	国务院第342号令、《电影管理条例》	
四、文化艺术服务						
文艺创作与表演	允许	审批备案	设立文艺团体、个体演员	县级文化部门		
艺术表演场馆	允许	备案	演出场所经营单位		《中国历史文化名城名镇保护条例》	
文物及文化保护	鼓励	核准		地方文物管理部门	《文物法》、《中国文物保护条例》、《中华人民共和国文物保护法实施条例》	
博物馆	鼓励	核准		地方文物管理部门	同上	
烈士陵园、纪念馆	允许	核准		地方文物管理部门	同上	
图书馆						

165

（续表）

行　　业	类别	固定资产投资项目管理	特别行业管理			备注
			内　容	管理机关	政策法律依据	
档案馆						
群众文化活动						
社会人文科学研究与试验发展						
专业性社会团体※						
其它文化艺术						
五、网络及软件文化服务						
互联网信息服务						
其中：互联网传播视听节目业务	禁止				《互联网等信息网络传播视听节目管理办法》（广电总局令第39号）	
互联网出版业务	限制	核准	互联网出版单位设立	省级新闻出版部门	国务院令第343号、国家新闻出版总署令第17号	
其它互联网信息服务	允许	审批	经营性互联网文化单位	省级文化部门	文化部第32号令	
互联网上网营业场所（网吧）服务	限制	审批	网吧等互联网上网服务营业场所	县级以上文化部门	国务院第363号令	
六、文化休闲服务						
旅行社		核准	旅行社业务经营许可	省级旅游部门	《旅行社管理条例》	
风景名胜区管理	鼓励	备案	旅游资源项目开发建设	省级旅游部门	《中国旅游管理条例》	
公园管理	鼓励	备案	旅游资源项目开发建设	省级旅游部门	《中国旅游管理条例》	
野生动植物保护※	鼓励	备案	生态旅游资源保护与利用	省级旅游部门	《中国旅游管理条例》	
其它游览景区管理	鼓励	备案	生态旅游资源保护与利用	省级旅游部门	《中国旅游管理条例》	

（续表）

行　业	类别	固定资产投资项目管理	特别行业管理			备注
			内　容	管理机关	政策法律依据	
游乐园	鼓励	备案	生态旅游资源保护与利用	省级旅游部门	《中国旅游管理条例》	
其中：大型主题公园	鼓励	备案	旅游资源项目开发建设	省级旅游部门	《中国旅游管理条例》	
休闲健身娱乐活动	鼓励	备案	旅游资源项目开发建设	省级旅游部门	《中国旅游管理条例》	
其中：高尔夫球场	鼓励	备案	旅游资源项目开发建设	省级旅游部门	《中国旅游管理条例》	
室内娱乐活动	鼓励	备案	旅游资源项目开发建设	省级旅游部门	《中国旅游管理条例》	
其中：歌舞娱乐场所	允许	审核	歌厅、舞厅、卡拉OK、夜总会	县级以上文化部门	国务院第261号令	
歌舞娱乐场所演出	允许	审核	演出节目			
其它娱乐活动	限制	审核	电子游戏经营场所	县级以上文化部门	国务院第261号令、国办发〔2000〕第44号文件	
七、其它文化服务						
文化艺术经纪代理						
其它商务服务※						
模特服务						
演员、艺术家经纪代理服务	允许	备案	演出居间、代理	县级文化部门	国务院第439号令	
文化活动组织、策划服务	允许	审批	演出经纪机构	省级文化部门	国务院第439号令	
图书及音像制品出租	允许	备案	对从事图书出租业务的单位、个人进行备案管理	县级以上新闻出版部门	《出版物市场管理规定》	出版部门
图书及音像制品出租	允许	审批	音像制品出租	县级文化部门	国务院第341号令	文化部门
贸易经纪代理※						
艺术品、收藏品拍卖服务	允许	备案	艺术品拍卖	县级文化部门	文化部第29号令	

167

（续表）

行　业	类别	固定资产投资项目管理	特别行业管理			备注
			内　容	管理机关	政策法律依据	
广告业						
会议及展览服务	鼓励	备案	商务旅游服务项目	省级旅游部门	《中国旅游管理条例》	
其中：会展中心建设						
八、文化用品、设备及相关文化产品生产						
照相机及器材制造						
其中：数字相机制造						
文化用品制造						
乐器制造						
玩具制造						
游艺器材及娱乐用品制造						
机制纸及纸板制造※						
其中：符合经济规模标准的纸和纸制品生产						
手工纸制造※						
信息化学品制造※						
其中：可录光盘(空白)制造	允许	核准	审批可录光盘企业的设立及生产设备进口	省级新闻出版部门	国发厅〔2004〕16号	
高密度数字激光视盘播放机盘片制造	允许	核准	审批音像制品、电子出版物复制单位设立	省级新闻出版部门	国务院令第341、343号	
印刷专用设备制造						

（续表）

行　业	类别	固定资产投资项目管理	特别行业管理			备注
			内　容	管理机关	政策法律依据	
其中：柔性版印刷关键设备制造						
全自动高速多色印刷设备制造						
广播电视设备制造						
其中：卫星电视广播地面接收设施制造	限制	核准	国务院信息产业主管部门负责对卫星电视广播地面接收设施的生产销售定点和行业管理工作	国家信息产业部门	《卫星电视广播地面接收设施管理规定》（国务院 129 号令）	
数字音视频广播系统设备制造	允许			国家信息产业部门		
家用视听设备制造						
其中：液晶、等离子体（PDP）等新型显示器件开发制造	允许			国家信息产业部门		
大屏幕彩色投影电视及关键器件开发制造	允许			国家信息产业部门		
DVD 系列数字激光视盘产品机芯、光头、专用芯片制造	允许			国家信息产业部门		
数字录放像技术开发	允许			国家信息产业部门		
数字电视产品制造※	允许			国家信息产业部门		
电影机械制造						
复印和胶印设备制造						
其它文化、办公用机械制造※						
工艺美术品制造※	鼓励	备案	旅游纪念品设计与开发	省级旅游部门	《中国旅游管理条例》	

（续表）

行　业	类别	固定资产投资项目管理	特别行业管理			备注
			内　容	管理机关	政策法律依据	
摄影扩印服务						
其它专业技术服务※						
九、文化用品、设备及相关文化产品销售						
文具用品批发						
其它文化用品批发						
文具用品零售						
其它文化用品零售						
家用电器批发※						
通讯及广播电视设备批发※						
照相器材零售						
家用电器零售※						
首饰、工艺品及收藏品批发※	鼓励	备案	旅游纪念品销售	省级旅游部门	《中国旅游管理条例》	
工艺美术品及收藏品零售	鼓励	备案	旅游纪念品销售	省级旅游部门	《中国旅游管理条例》	旅游部门
工艺美术品及收藏品零售	允许	备案	美术品零售	县级以上文化部门	文化部第29号令	文化部门